ENERGIERECHT

EIN GRUNDRISS DER GRUNDFRAGEN

VON

DR. JUR. FRIEDRICH LIST VDI VDE
PROFESSOR FÜR VERWALTUNGSRECHT
VERKEHRSRECHT UND DAS RECHT DER TECHNIK
AN DER TECHNISCHEN HOCHSCHULE DARMSTADT

BERLIN
VERLAG VON JULIUS SPRINGER
1938

ISBN-13:978-3-642-94026-2 e-ISBN-13:978-3-642-94426-0
DOI: 10.1007/978-3-642-94426-0

MEINEN STRASSBURGER LEHRERN

DEN UNIVERSITÄTSPROFESSOREN

HERRN GEHEIMEN RAT

DR. FRITZ VAN CALKER

UND

HERRN GEHEIMEN JUSTIZRAT

DR. WILHELM KISCH

IN MÜNCHEN

IN DANKBARKEIT GEWIDMET

Vorwort.

In meinem Buche „Verwaltungsrecht technischer Betriebe" (Verlag der Weidmannschen Buchhandlung, Berlin 1937) konnte das Energierecht naturgemäß nur kurz im Rahmen des Gesamtinhaltes, und auch da nur grundsätzlich behandelt werden.

Dadurch blieb nicht nur die starke seither herrschende zivilrechtliche Seite der Energiewirtschaft zwangsläufig fast völlig unberücksichtigt. Auch können und sollten die dort eigentlich nur auswahlweise behandelten Kapitel selbstverständlich nicht als der allein gültige Teil des Energierechtes gelten, das ja als solches gar nicht zur Darstellung gebracht werden wollte.

Vielmehr wurde dies diesem besonderen Grundriß vorbehalten. So bildet er einmal eine notwendige Ergänzung zu meinem eingangs erwähnten, vor Jahresfrist erschienenen, bewußt allgemein gehaltenen „Verwaltungsrecht technischer Betriebe", wie umgekehrt dieses die breitere Grundlage des neuen Grundrisses bleiben wird. Zugleich möchte aber dieser Grundriß in gewissem Sinne ein rechtlicher Anhang zu dem im Verlage Julius Springer im Jahre 1936 erschienenen Werke meines Kollegen Herrn Prof. Dipl.-Ing. RUPPERT SCHNEIDER, Elektrische Energiewirtschaft, werden.

Alle drei Bücher wenden sich in gleicher Weise an den Juristen, den Wirtschaftler und den Techniker. Deren gleich ausgerichtete Zusammenarbeit dünkt mir im Reiche der Deutschen Energiewirtschaft nicht weniger notwendig als anderswo. Denn auch hier scheinen die Bemühungen sowohl einer absoluten Rechtswissenschaft wie einer ebensolchen Wirtschaftslehre und Wirtschaftspraxis noch keineswegs überwunden.

Daß dies insbesondere in den Reihen der Juristen geschehe, ist nicht zuletzt auch ein Zweck dieser Arbeit.

Während bei Abfassung und beim Erscheinen meines erwähnten Buches eine öffentlichrechtliche Betrachtung der der deutschen Energiewirtschaft zugrunde liegenden Rechtsverhältnisse nicht nur nicht üblich, sondern unbekannt war, ja grundsätzlich geradezu verneint wurde, hat sich inzwischen, und zwar nach Abschluß des Entwurfes dieses Buches, ein überraschender Umschwung zur Bejahung öffentlichrechtlicher Rechtsinstitute und zur Erkenntnis ihrer Nützlichkeit nicht nur für die Allgemeinheit, sondern auch für die doch der Allgemeinheit freiwillig dienende deutsche Energiewirtschaft angebahnt.

Auch deshalb dürfte eine in diesem Sinne angelegte und durchgeführte Darstellung einem wirklichen Bedürfnis entsprechen.

Bei der Bearbeitung hat mich mein früherer Schüler, Herr Dipl.-Ing. HELMUT HUTTER aus Darmstadt, durch gelegentliche Hilfeleistung freundlichst unterstützt.

Der Hilfsassistent und die Sekretärin beim Lehrstuhl, Herr HEINZ GROHMANN aus Mainz und Fräulein ANNELIESE MARTIN aus Darmstadt, begleiteten in ihren Freistunden gern und eifrig die Durchsicht der Korrekturen und die Anlage des alphabetischen Sachverzeichnisses.

Darmstadt, am 28. November 1937.

Friedrich List.

Inhaltsverzeichnis.

Einleitung.

„Die Tatsache, daß Deutschland in diesem Jahre eine Stromerzeugung von nahezu 50 Milliarden Kilowattstunden erreichen wird, ist zweifellos ein erfreuliches Merkmal der anhaltenden Aufwärtsentwicklung der Elektrizitätswirtschaft. Aber je stärker jedes Glied der Wirtschaft und jeder Einzelne auf die Verfügung über immer größere Energiemengen angewiesen ist, desto größer wird für uns alle die Verantwortung. Mögen die Aufgaben, die uns gestellt sind, noch so umfangreich und vielgestaltig sein, ich habe dennoch die feste Überzeugung, daß wir in Fortsetzung des schon Erreichten auch mit noch schwierigeren Aufgaben fertig werden. Der erste große elektrotechnische Entwicklungsabschnitt ist jetzt abgelöst durch ein Zeitalter, dem das harte Müssen seinen Stempel aufdrückt. War es früher in erster Linie der Ingenieur, der die Entwicklungslinien ausschlaggebend beeinflußte, so sind es heute die großen nationalen und sozialen Ziele, die die Richtung unseres gesamten Schaffens bestimmen. Mögen daher alle an der elektrowirtschaftlichen Entwicklung beteiligten Kräfte nicht nur den technischen Fortschritt an sich, nicht nur die gesteigerte Wirtschaftlichkeit an sich im Auge haben, sondern im letzten immer nur die Besserung unserer gesamten Wirtschaft und die Wohlfahrt unseres gesamten Volkes[1]!"

In diesem Sinne sollen im folgenden als Mitarbeit eines Elektrizitätsrechtlers die Grundfragen eines Deutschen Energierechtes nicht vom Gesichtspunkt der Versorgungsunternehmungen aus, aber auch nicht zum Eigenvorteil der Gemeindewirtschaft oder der Groß- und Kleinabnehmer, sondern vom gemeinnützigen Rechtsstandpunkte und im Interesse der allgemeinen Wirtschaft einer grundrißmäßigen Darstellung unterzogen werden, als Versuch, allen beteiligten Kreisen nicht zuletzt den Sinn einer Rechtsbetrachtung vom Gesamtstandpunkte aus in Richtung eines Gemeinrechtes zu erschließen.

---

[1] Schlußsätze des Vortrages des Leiters der Reichsgruppe Energiewirtschaft, Carl Krecke, auf der VDE-Mitgliederversammlung in Königsberg am 5. August 1937. Unter dem Titel „Neuere Entwicklungslinien der Elektrizitätsversorgung" erschienen als Senderdruck der Druckerei A. Seydel & Cie. G. m. b. H., Berlin SW 61.

Erster Teil.

Vorfragen.

§ 1. Die Arten der Energien.

1. Vor dem Bestehen und der Geltung des Gesetzes zur Förderung der Energiewirtschaft vom 13. Dezember 1935 (Energiewirtschaftsgesetz) sprach und schrieb und auch heute noch spricht und schreibt man in den Versammlungen der maßgeblichsten Energiewirte der ganzen Welt, nämlich auf den Weltkraftkonferenzen, nicht von Energien, sondern eben von Kraft. Jedermann würde es für mindestens unangebracht erachten, wollte jemand den hierbei führend beteiligten Persönlichkeiten den Vorwurf machen, ihnen sei unbekannt, daß in der Physik Kraft und Energie nicht dasselbe ist.

Das sog. Elektrizitätsdiebstahlgesetz, das Gesetz, betreffend die Bestrafung der Entziehung elektrischer Arbeit vom 9. April 1900, vermied ebenfalls das Wort Energie und wandte das Wort Arbeit an.

Wohl in beiden Fällen bestand, bewußt oder unbewußt, das Bestreben, ein deutsches Wort zu wählen.

2. Das ursprüngliche Wort Energeia (*ἐνεργεία*), dem späteren Griechisch entstammend, bedeutet eigentlich „Hineinarbeit", d. h. eine Arbeit in (zunächst körperlich) bestimmter Richtung. Demgemäß würde — vorerst völlig abgesehen von naturwissenschaftlichem oder technischem Sprachgebrauch — die Übersetzung „Arbeit" gewiß richtig sein. Gegenüber dem teils bestimmten, teils mehrfach auslegbaren Sinn dieses deutschen Wortes wäre die Wendung gerichtete, bereitstehende Kraft, kurz Kraft an sich, nicht nur gleich gut, sondern besser. Wir werden in anderem Zusammenhang später auf diesen Gedankengang zurückkommen.

3. Das Gesetz vom 13. Dezember 1935 verwendet das Wort „Energie", allerdings in zusammengesetzter Form, bereits in

der Überschrift. Im Gesetz selbst ist diese Verwendung aber nicht einheitlich. So versteht § 1 unter Energiewirtschaft die „Elektrizitäts- und Gasversorgung", während § 2 Abs. 2 als Energieversorgungsunternehmungen diejenigen bezeichnet, „die andere mit elektrischer Energie oder Gas versorgen". § 6 Abs. 3 schließlich kennt außer „Energieanlagen zur Erzeugung von Elektrizität oder Gas" auch noch „andere gleich zu achtende Energieerzeugungsanlagen". Über den rechtlichen Inhalt dieser Bestimmung wird später im Zusammenhang gesprochen werden. Hier sei nur festgestellt, daß wenigstens an dieser Stelle das Gesetz seinen eigenen, auf Elektrizität und Gas beschränkten Rahmen durchbricht und hier andere Energiearten, wie z. B. Wasser, vor allem Wasserstoff, sowie Dampf, Druck und Wärme, rechtlich erheblich werden lassen kann[2].

§ 2. Die Energien als Rechtsgegenstände.

1. Nicht nur die Techniker und Wirtschaftler konnten unbekümmert um die Rechtsnatur der Energien bleiben, sondern auch der Jurist der Technik und der Wirtschaft brauchte sich über diese Frage weder zu unterrichten noch gar schlüssig zu werden.

Denn kraft der Vertragsfreiheit einerseits und der bindenden Kraft geschlossener Verträge anderseits konnte und kann man, sofern nicht grundsätzliche oder besondere Bestimmungen entgegenstehen, ohne Rücksicht auf das Vorhandensein oder Fehlen sachenrechtlicher Eigenschaften, die Energien zum Gegenstand von Verträgen machen, gleichgültig, ob diese mit denen der besonderen Schuldverhältnisse des Bürgerlichen Gesetzbuches sich decken oder nicht.

Immerhin obliegt es der Rechtswissenschaft, den Versuch einer juristischen Erkennung und Bestimmung wenigstens und zunächst der Elektrizität und des Gases (bzw. der Gase) zu wagen. Schon deshalb, weil der (später zu betrachtende) sog. Elektrizitäts- und Gasversorgungsvertrag nicht genau, geschweige denn eindeutig geklärt werden kann, wenn nicht der Gegenstand dieser Verträge rechtlich erfaßt ist. Denn Kenntnisse und Erfahrungen über die

[2] Eine besondere Darstellung über „Das Recht der Wärmewirtschaft" ist in Vorbereitung.

physikalische, technische, wirtschaftliche, kaufmännische und pekuniäre Struktur der Dinge und Vorgänge gestatten zwar ein Urteil darüber, ob die juristische Definition, d. h. der rechtliche Tatbestand, den genannten Betrachtungsarten erwünscht oder unerwünscht, niemals aber darüber, ob er rechtlich richtig oder falsch ist. Der Rechtspolitiker lobt oder verwirft bestehendes Recht und stellt Forderungen nach Änderungen und Neuerungen. Dem Rechtswissenschaftler als solchen, auch wenn er zugleich die Fähigkeiten eines Rechtspolitikers besitzt, ist zuvor die Aufgabe gestellt, den tatsächlichen derzeitigen Rechtszustand zu erkennen und zu beschreiben, gerade damit die Rechtspolitik richtig in Tätigkeit treten kann.

2. In diesem Sinne ist festzustellen, daß das Gas, weil bzw. wenn es materiell, körperlich, handgreiflich besessen werden kann, Sache im Sinne des Gesetzes, d. h. zur Zeit des BGB., zu sein vermag. Die Eigenschaft der Körperlichkeit schränkt die Sachen überhaupt zu den „Sachen im Sinne des Gesetzes" (§ 90 BGB.) ein.

Alle „körperlichen Gegenstände" aber sind dann auch Sachen gemäß § 90 BGB. und teilen rechtlich deren gesetzliches Schicksal. Ob dies wirtschaftlich usw. erwünscht oder unerwünscht ist, ist keine Frage der Rechtsauslegung, sondern der Rechtsänderung.

3. Das rechtliche Wesen der Elektrizität bietet dem Juristen überhaupt, sodann zwei gänzlich verschiedenen Arten von Juristen, besondere Schwierigkeiten. Keine Sorge um die Rechtsnatur der elektrischen Energie macht sich sicher derjenige Vertreter der Rechtswissenschaft, der einerseits das Gesetz (vielleicht aus Unwissenheit) ignoriert und anderseits seine absolut, d. h. frei vom Gesetz aufgestellte Meinung für modern und deshalb für richtig hält und erklärt. Diesem Manne stehen die beiden erwähnten anders gearteten gegenüber. Der eine ist zunächst betrübt und ratlos, weil er unmittelbar anwendbare Bestimmungen im Gesetz vermißt. Und nun wird er entweder die Elektrizität in die sachenrechtlichen Bestimmungen des BGB. hineinzupressen versuchen (wobei allerdings die Autorität des höchsten Deutschen Zivil- und Strafgerichtes entgegensteht), oder aber er wird die Abgabe einer Diagnose verweigern.

Der andere der beiden sich sorgenden Arten der Juristen

aber wird zwar nicht die eine oder andere Interessentengruppe fragen: Wie wünscht ihr, daß ich die elektrische Energie definiere, sondern er wird alsbald mehreres feststellen: Einmal, daß die Elektrizität in der Tat im Gesetz nicht zu finden ist; zweitens wird er sich fragen, warum ihre gesetzliche Regelung im Gesetzbuch des Jahres 1900 fehlt; und drittens wird er sich den rein tatsächlichen (also zunächst physikalischen und elektrotechnischen) Tatbestand vergegenwärtigen, am besten sich durch einen praktischen Versuch vorführen lassen, vielleicht sogar selbst konstruieren.

Hierzu würde an sich der Gebrauch einer Taschenlampe genügen, instruktiver ist ein im wahrsten Sinne des Wortes etwas verlängerter Versuch, z. B. die Anbringung einer kleinen an der Wand über der Längsseite eines Bettes gewünschten Nachtbeleuchtung (etwa zum kurzen Ablesen einer Uhr), die mit Hilfe einer hinter der Kopfwand des Bettes verdeckt angehefteten Taschenlampenbatterie betrieben wird.

Aus dieser kleinen Anlage gilt es, viererlei zu erkennen: Zunächst, daß eine besondere Anlage zu erstellen war, die bleiben muß, solange man auf die gewünschte Beleuchtung Wert legt. Zweitens: den Zweck der Anlage, mit dem der Ersteller bewirken will, daß bei Einschalten die Lampe stets leuchtet. Drittens: daß dies nicht mehr erreicht wird, wenn man die Batterie nicht rechtzeitig und ständig erneuert. Schließlich viertens: daß — solange die kleine Batterie noch funktioniert — ihr nichts entnommen wird, sondern daß die kleine Anlage von dem einen Pol der Batterie über einen Schalter zum Lämpchen und von diesem zum anderen Pol derselben Batterie vermittels des diese Stationen verbindenden Drahtes einen geschlossenen Stromkreis bildet, nicht anders wie bei einer Kinderpumpe (etwa in Gestalt eines Dorfbrunnens) das in das Becken gelangende Wasser immer wieder durch ein Röhrchen hinaufgepumpt wird, damit es durch einen Ausfluß wiederum das Becken speise.

Übertragen wir den geschilderten Miniaturtatbestand auf die Rechtsbeziehungen eines sog. Stromabnehmers zu dem ihn versorgenden Elektrizitätswerk, fragen wir hier und zunächst nach dem Gegenstande dieses Versorgungsverhältnisses, dann ist für den Versorgungsberechtigten die einzige ihn interessierende Tatsache bzw. Forderung die, daß ihm jeweils elektrische Energie zu beliebiger Zeit und für beliebige Dauer zur Verfügung stehe, damit er sich ihrer zu beliebigen Zwecken[3] bediene[4].

Die Erfüllung dieser Erwartung setzt das Vorhandensein energieerzeugender Anlagen, setzt die Anschlußlegung, die dauernde Unterhaltung beider und die ununterbrochene Versorgung (Unter-Spannung-Haltung) der Leitung voraus — aber darum kümmert sich der Versorgungsberechtigte nicht; er verlangt „nur", daß seine Lampen brennen, wenn er knipst, daß sein Radioapparat läuft, wenn er einschaltet, daß elektrische Instrumente betrieben werden, wenn er den Anschlußdraht in die Steckdose einführt.

Seine „Versorgung" besteht also nochmals in der ununterbrochenen Bereitstellung von elektrischer Energie, technisch gesprochen: in der Erhaltung gleichbleibender Spannung „in den Schaltern", d. h. an den Klemmen des Abnehmers.

Elektrische Energie als „Gegenstand" ist also das, was ihm nach Zuschaltung zur Verfügung steht.

Behandeln wir diesen Tatbestand auch weiterhin vom Standpunkte der Rechtsbetrachtung und nicht der Physik, so stellen wir zunächst fest, daß dieser „Gegenstand" weder „Arbeit" im Sinne einer Tätigkeit, noch „Arbeit" im Sinne einer Leistung, eines Erfolges ist, sondern sich darstellt als Leistungsvermögen, als Arbeitsvermögen. Die ständige und gleichbleibende Bereitstellung dieses Leistungsvermögens ist für den sog. Stromabnehmer die „Leistung" z. B. als Vertragserfüllung. Nicht der Weg, den die elektrische Energie bis zu den Schaltern bzw. zum Zähler genommen hat, kümmert ihn, sondern daß die ihm zur Verfügung stehende Energie einen ihm erwünschten Weg

[3] Selbstverständlich nur zu den nach den Vertragsbedingungen oder der Benützungsordnung erlaubten Zwecken.

[4] Die Erkenntnis dieses Tatbestandes wird besonders wichtig bei Diagnose des Versorgungsvertrages.

In diesem Sinne vom wirtschaftlich-technischen Standpunkte aus bereits Ernst Henke in Henke-Müller-Rumpf, Rechtsgrundlagen der öffentlichen Elektrizitätswirtschaft in Deutschland, 1930, S. 2: „... weil die Energie als solche, dem Einzelnen zur Verfügung gestellt, für Beleuchtung, Kraft und Wärme in bequemster und auch immer wirtschaftlicherer Weise zu dienen geeignet ist."

Derselbe schreibt ebenda S. 6 unten: „Man bezeichnet deshalb die Zurverfügungstellung elektrischer Energie für die Allgemeinheit ... als öffentliche Elektrizitätswirtschaft."

nimmt, um als Produkt aus Kraft und Weg ihm bestimmte Arbeit zu leisten: als Tätigkeit und als Erfolg.

Dann aber steht, mindestens für den deutschen Juristen, kein Hindernis entgegen, das auf „Arbeit wartende Leistungsvermögen" Kraft zu nennen, sicher dann nicht, wenn genau geklärt und erklärt ist, was man hier unter „Kraft" versteht und verstanden wissen will.

4. Diese Kraft ist keine „Sache" im Sinne des Gesetzes. Dies zunächst und vor allem im Gegensatz zu Gas. An diesem Punkte aber sind zwei weitere Feststellungen über die rechtlich erhebliche Natur des Gegenstandes „Kraft" zu machen.

Die elektrische Energie als Kraft (vom Standpunkte des sog. Stromabnehmers) zeichnet sich einmal durch eine gewisse Selbständigkeit, zum andern durch eine besondere Unselbständigkeit aus. Und zwar stehen sich Gas und elektrische Energie hierbei rechtlich eigenartig gegenüber. Denn derselbe Tatbestand, welcher der elektrischen Energie jene gewisse Selbständigkeit verleiht, bedeutet für das Gas eine Unselbständigkeit; die besondere Unselbständigkeit der elektrischen Energie aber begegnet beim gleichen Tatbestand einer bedeutsamen Selbständigkeit des Gases.

Gas erkannten wir als „Sache im Sinne des Gesetzes", d. h. als „körperlichen Gegenstand". Das Gas kann also vom Erzeuger und von denen, die es vertreiben und erwerben, beherrscht, „besessen" werden, es steht in der „körperlichen Gewalt" der Menschen. Allein: das was beim Gas einer körperlichen Gewalt teilhaftig werden kann und wird, ist nicht Energie, sondern das Gas als solches, der gasförmige „Körper". Denn: Gas als solches ist keine Energie, sondern Energieträger. Hier zeigt sich sofort der Trennungspunkt zwischen elektrischer Energie und Gas in den soeben entwickelten beiden Richtungen. Das Gas als solches, als Sache, ist selbständig. Die „Gas-Energie" aber steht demjenigen, der eben diese und nicht nur, ja überhaupt nicht, die Sache „Gas" sich verschaffen will, nicht selbständig, d. h. hier: nicht unmittelbar zur Verfügung. Die elektrische Energie umgekehrt und ihrerseits entbehrt der Sacheigenschaft, steht aber demjenigen, der sich ihrer bedienen will, unmittelbar bereit als absolute, ja als absoluteste Energieform. Nun steckt aber in dieser Unmittelbarkeit doch wieder eine Unselbständigkeit, die bei Betrachtung und Diagnose des sog. Energielieferungsvertrages als wichtig und ausschlaggebend sich erweisen wird. Nämlich die schon erwähnte Nicht-Eigenschaft als „Sache im Sinne des Gesetzes“, die es eben nicht ermöglicht, die elektrische Energie als solche sachenrechtlichen Rechtsbeziehungen zu unterstellen.

Denn die elektrische Energie als Kraft in dem entwickelten Sinne steht dem Begriffe der Sache gegenüber bzw. die Kraft ist als Rechtsgegenstand gleichwertig neben die Sache getreten.

Energien sind also Kräfte in dem geschilderten Rechtssinne. Sie sind nicht beherrschbar wie die Sachen. Die Gas-Energie als solche ebensowenig wie die elektrische Energie. Tatsächlich beherrschbar sind nur die Träger und Leiter der Energien.

5. Nun hat man behauptet, auch die elektrische Energie könne außer an Leiter auch an Träger gebunden sein, sie sei mithin speicherfähig.

Hier sind zunächst zwei Fälle und Tatbestände zu unterscheiden. Einmal erfolgt in der Elektrizitätswirtschaft in der Tat eine Speicherung ganz großen Umfanges. Dies geschieht z. B. und insbesondere durch Wasserspeicherwerke und Talsperren.

Doch hier erhellt sofort, daß zwar in der Gaswirtschaft der Gasspeicher Behälter ist, daß aber eine Speicherung von Elektrizität als solcher in den genannten Großspeicheranlagen nicht möglich ist. Denn das, was gespeichert wird, ist unbestritten Wasser, und dieses Wasser ist hier kein Träger elektrischer Energie. Gas erschien als Energieträger, die „Elektrizität“ aber ist kein Energieträger, sondern eine Energieform. Gerade deshalb ist es ja notwendig, eine andere, an einen materiellen Träger gebundene Energieform zu speichern: hier z. B. das Wasser, das eben keine elektrische Energie, sondern Wasserkraft „enthält“. Die Großspeicheranlagen der Elektrizitätswirtschaft sind also nicht eigentlich Behälter, sondern Zwischenglied, eine Zwischenspeicheranlage. Außer dieser Speicheranlage sind nämlich Maschinen notwendig, welche elektrische Generatoren antreiben, aus denen dann erst die elektrische Energie „fließt“, und lediglich andauernd fließen, sich dort aber nicht sammeln und speichern kann.

Ganz anders als bei den soeben behandelten Anlagen erscheint Elektrizität als solche — und das ist jener andere Fall und Tatbestand — aber als Vorrat aufgespeichert in den Akkumulatoren.

Doch wird hier der Jurist — nicht theoretisch-dogmatisch, sondern durch sichtbaren Versuch — vom Physiker alsbald überzeugt, daß, wenn überhaupt etwas „gespeichert" wird, dies nicht elektrische, sondern chemische Energie ist; daß tatsächlich der in den Akkumulator hineingeleitete Strom in demselben nicht vorhanden sei, daß er sich vielmehr in chemische Energie verwandelt habe. Im Akkumulator wird also „Elektrizität" nicht aufgespeichert, sondern eigentlich hindurchgeleitet, allerdings vermittels eines besonderen chemischen Prozesses, d. h. nun wieder: durch diese sog. Durchleitung wird der Akkumulator geeignet gemacht, seinerseits selbständig Elektrizität zu erzeugen.

Wird so erkannt, daß erneut elektrische Energie erzeugt wurde, dann erhellt die Annahme einer Speicherung als ein Trugschluß; denn eine Aufspeicherung elektrischer Energie im Akkumulator ist ohne Wesensveränderungen nicht möglich.

Die durch den erwähnten chemischen Prozeß wiedergewonnene elektrische Energie verlangt aber wie jene aus einem Stromnetz an den Klemmen entnommene unmittelbar im Anschluß an ihre Erzeugung auch den Verbrauch.

Das Reichsgericht[5] hat schon frühe die Gleichheit des Betriebes der Akkumulatoren und der Leitungsanlagen, zugleich den Gegensatz zu Gas, treffend gekennzeichnet:

„Die ... Auffassung, ein für den Handel geeignetes wirtschaftliches Gut könne durch menschliche Arbeit immer nur in der Weise geschaffen werden, daß körperliche Sachen, seien es feste, flüssige oder gasförmige, verarbeitet würden und die Substanz des gewonnenen Erzeugnisses bildeten, hat sich als nicht ausnahmslos zutreffend erwiesen. Unter Anwendung von Arbeitsmethoden und Hilfsmitteln, die den im fabrikmäßigen Betriebe üblichen entsprechen, wird im elektrischen Strom ein Erzeugnis gewonnen, das nach den herrschenden Anschauungen kein Körper, aber gleichwohl für den wirtschaftlichen Güteraustausch geeignet ist, indem es in ähnlicher Weise wie flüssige und gasförmige Stoffe entweder in besonderen transportablen Gefäßen (Akkumulatoren) oder, was durchaus überwiegt, durch feste Leitungsanlagen denen, die den Strom zu Trieb-, Beleuchtungs-

[5] Entscheidungen des Reichsgerichts in Zivilsachen Bd. 67 (1908), S. 232.

oder sonstigen Zwecken brauchen, in einer ihren Bedürfnissen entsprechenden Menge und Stärke ... zugeführt und von ihnen durch den ordnungsmäßigen Gebrauch verbraucht wird."

Zutreffend ist hier insbesondere festgestellt, daß der eigentliche Erwerb des Gegenstandes elektrische Energie, zugleich seine Zweckbestimmung der Gebrauch ist, der in Verbrauch besteht.

Unrichtig, sichtlich verleitet durch die Unkörperlichkeit der elektrischen Energie einerseits und die Unmöglichkeit, sich vom körperlichen Sachbegriff trennen zu können, anderseits hat seinerzeit die „Begründung"[6] zum Entwurf eines Gesetzes, betreffend die Bestrafung der Entziehung elektrischer Arbeit, aufgestellt: „daß die elektrische Energie immer an eine Sache, nämlich die Kraftanlage, gebunden ist und nur durch den Gebrauch dieser Sache zu nutzbarer Verwendung gelangt" (S. 3).

Richtig dagegen heißt es einige Sätze weiter: „Vielmehr ist sie stets an eine zur Erzeugung, Ansammlung oder Fortleitung von Elektrizität dienende Anlage oder Einrichtung gebunden."

Ebenso treffend wurde dereinst in dem Bericht der 22. Kommission über den Entwurf eines Gesetzes betreffend die Bestrafung der Entziehung elektrischer Arbeit[7] zunächst ausgeführt, es sei „die elektrische Arbeit keine körperliche Sache, sondern eine Bewegung", dann aber — immer wieder verkettet mit diesem Begriff der körperlichen Sache — fortgefahren: „eine Eigenschaft einer anderen Sache".

Ein gleiches Gemisch falscher und richtiger Betrachtung ist im Satze eines anderen Kommissionsmitgliedes enthalten: „Energie oder Arbeit sei ein Gegenstand, der wie ein Körper von einem Ort an einen anderen übertragen werden, aus der Verfügung eines Menschen in die Verfügung eines anderen übergehen könne[8]."

Bewußt oder unbewußt spielte hier und in fast allen Untersuchungen gerade über das Wesen der elektrischen Energie eine Eigenschaft der elektrischen Energie eine Rolle, die teils Anlaß gab, der Energie selbst eine Selbständigkeit zuzuerkennen, teils bewog, ihr diese abzusprechen: die Eigenschaft der Fortleitungsfähigkeit.

---

[6] Sammlung sämtlicher Drucksachen des Reichstags, 10. Legislaturperiode, 1. Session 1898/99, Bd. 9, Drucksache Nr. 612.

[7] Desgl. Bd. 10, Drucksache Nr. 671, S. 2.

[8] Ebenda S. 3.

Von Elektrizität als Eigenschaft einer anderen Sache könnte man aber versucht sein, bei der einzigen, wirtschaftlich jedoch belanglosen Möglichkeit einer Speicherung elektrischer Energie zu sprechen: bei der Leidener Flasche. In der Tat läßt sich in ihr elektrische Energie eine Zeitlang aufbewahren. Aber gerade weil in ihr nur so geringe Mengen aufgespeichert zu werden vermögen, daß sie praktisch keine Rolle spielen, schritt die Technik zum Akkumulator. Selbst wenn man nun aber — was beim Akkumulator unrichtig wäre — das Geladensein mit elektrischer Energie als eine Eigenschaft einer Leidener Flasche ansähe, für die Eigenschaften und die aus ihnen zu diagnostizierende Rechtsnatur der elektrischen Energie selbst würde diese Feststellung bzw. dieses Zugeständnis keine Änderung herbeiführen.

Das, was sich in der Leidener Flasche befindet, ist nichts anderes, als was — nicht nur einmalig, sondern ununterbrochen — im Akkumulator oder im Elektrizitätswerk erzeugt wird. Die chemischen Bestandteile des Akkumulators sind eine Quelle zur Erzeugung elektrischer Energie, so wie das Wasser eines Pumpspeicherwerkes, das man deshalb einmal „hydraulicher Akkumulator" genannt hat.

Zwischen dem Gegenstand elektrischer Energie als solcher aber besteht kein Unterschied, gleichgültig, ob sie aus einer Leidener Flasche, einem Akkumulator oder einem Elektrizitätswerk „entnommen", d. h. zum verbrauchsmäßigen Gebrauch in einen Arbeitsstromkreis eingeführt, durchgeleitet wird.

Solange sie aber nicht durchgeleitet wird, leistet sie dem sog. Stromabnehmer keine Arbeit, sondern bedeutet für ihn und ist rechtlich ein Arbeitsvermögen, zur Verfügung stehende Kraft, die ihren „Weg" im wahrsten Sinne des Wortes erst nach Wunsch und Willen desjenigen nimmt, dem diese Kraft zur Verfügung steht, desjenigen, der von der elektrischen Energie nur das Bereitstehen, ununterbrochenes, gleichmäßiges Bereitstehen verlangt.

Diese bereitstehende Kraft ist für ihn elektrische Energie.

6. „Gas ist im Gegensatz zu Elektrizität eine Sache und speicherfähig[9]."

[9] So in den Generalberichten der Zweiten Weltkraftkonferenz Berlin, 16.—25. Juni 1930; Bericht der 25. Sektion, S. 191.

Nach § 1 des Energiewirtschaftsgesetzes aber umfaßt die deutsche Energiewirtschaft für den Geltungsbereich des Gesetzes nicht nur die Elektrizitätswirtschaft, sondern auch die Gaswirtschaft, mit den Worten des Gesetzes die „Elektrizitäts- und Gasversorgung".

Mit dieser rechtlich unabänderlichen und wirtschaftlich glücklichen Tatsache ist aber für die Rechtsnatur des Gases selbst nicht nur nichts gewonnen, sondern die Versuchung zu falscher Diagnose gegeben.

Gewiß ist vom wirtschaftlichen und technischen Standpunkt weder der Weltkraftkonferenz, noch der Gaswirtschaft, noch des Gasnutzers mit der Feststellung, daß Gas ein körperlicher Gegenstand, also eine Sache sei, etwas gewonnen; ja sie ist diesen allen weder ausreichend noch auch nur eine erwartete. Denn sie verlangen vom Gas und erblicken als seine wesentliche Eigenschaft, daß die körperliche Sache „Gas"-Energien trägt. So wenig es für die elektrische Energie als solche tatsächlich und rechtlich entscheidend war, ob sie aus einer Leidener Flasche, einem Akkumulator oder aus den in ein Elektrizitätswerk reichenden Leitungen floß, ebensowenig interessiert denjenigen, der sich lediglich der im Gas „enthaltenen" Energie bedienen will, ob ihm diese Kraft in einer Röhre oder entlang einer Röhre zugeführt wird.

So hat in der Tat der Jurist der Technik nicht nur die physikalische Seite des Tatbestandes, sondern auch die technischen und wirtschaftlichen Merkmale zu untersuchen und auszuwerten.

An diesem Punkte wird der Jurist, wenn er selbst es unterläßt, spätestens auf Verlangen des Technikers zu der Frage Stellung nehmen müssen: Ist nicht Zweck und alleiniges Interesse beim Kauf von Kohlen ebenfalls das Sich-Verschaffen einer Energie, nämlich z. B. der Wärme?!

Naturwissenschaftlich bzw. physikalisch-chemisch-technisch bedeutete dies, daß der Käufer von Kohlen diese wie das Gas als Träger von Energien sich beschafft (Brenn- und Kraft-„Stoff").

Daß Kohle handgreiflich, Gas nur mit Hilfe von Behältern körperlich beherrscht werden kann, bedeutet sachenrechtlich keinen Unterschied.

Der Unterschied zwischen Kohle und Gas muß vom Standpunkt der Energieverwertung aus gesucht werden, und zwar kommt es auf die Länge des Weges, auf die Stationen des Weges an, den diese beiden Energieträger vom körperlichen Zustande eben als Energieträger zur Arbeitsleistung zurücklegen müssen.

Beim Gas erhält man Wärmeenergie und Arbeitsleistung durch seine Verbrennung. Diese Verbrennung kann eine plötzliche (Gaskraftmaschine) oder eine langsame (z. B. im Gasherd) sein. Stets ist aber die Station der chemischen Zersetzung durch die Verbrennung Voraussetzung. Erst der verbrannte Energieträger ist Energie und leistet Arbeit.

Nicht anders wird aus der Kohle Wärmeenergie gewonnen, wenn auch die Dauer des Weges gegebenenfalls eine längere und vor allem die handgreifliche Verfügungsgewalt des Eigentümers eine vielseitigere und stärkere ist.

So könnte der Käufer von Kohle oder Koks diese körperlichen Gegenstände, also Sachen im Sinne des Gesetzes, auch dazu benutzen, um eine Grube damit auszufüllen oder einen Weg damit zu belegen. Solchenfalls ist — mindestens für den Eigentümer — die Tatsache der Energieträgerschaft unerheblich. Auch das Gas könnte (und wird) unmittelbar, also ohne Zersetzung verwertet werden, z. B. zur Füllung eines Gasluftballons; ja hier leistet es sogar Arbeit, indem die am Energieträger Gas haftende Eigenschaft des leichteren Gewichts gegenüber der Luft bewirkt, daß der Ballon in die Lüfte gehoben wird. Die Ausnützung dieser Eigenschaft ist aber nicht anders zu werten, als wenn man ein Stück Eisen, einen Stein oder schließlich auch einen Kohlenblock zur Beschwerung benutzt.

Das was nun Gas und Kohle einerseits und „Elektrizität“ voneinander trennen, ist die obenerwähnte Selbständigkeit der (in anderem Sinne wiederum unselbständigen) elektrischen Energie, die man besser als Unmittelbarkeit bezeichnen würde.

Diese unmittelbare Natur der Elektrizität, die immer und nur Energie ist, bewirkt den Zustand, immerdar unmittelbar zur sofortigen Arbeitsleistung bereit zu stehen.

Diese Tatsache, diesen Gegenstand, nennen wir Kraft.

7. a) In der Begründung[10] des Gesetzes, betreffend die Bestrafung der Entziehung elektrischer Arbeit, hieß es:

„Der widerrechtliche Gebrauch einer fremden Sache ist . . . an sich regelmäßig straflos. Dies gilt selbst dann, wenn mit dem Gebrauche der Sache ein den anderen schädigender Verbrauch

[10] Siehe Anmerkung 6. Hier S. 3 und 4 der Begründung.

fremder Kraft verbunden ist, beispielsweise wenn unbefugt ein fremdes Last- oder Zugtier benutzt und dadurch die Kraft des Tieres widerrechtlich zum eigenen Vorteile des Täters verwertet wird. Begrifflich unterscheiden sich hiervon die Fälle nicht, in denen jemand fremde elektrische Arbeit dadurch rechtswidrig für sich verwertet, daß er eine der elektrischen Anlage ordnungsmäßig angeschlossene Beleuchtungsvorrichtung oder Arbeitsmaschine benutzt. Das gleiche gilt für den Fall, daß unbefugterweise durch Anschluß an eine elektrisch betriebene Vorrichtung eine andere Vorrichtung in Gang gebracht, z. B. einem elektrisch betriebenen Wagen ein weiterer Wagen angehängt oder mit einer elektrisch betriebenen Arbeitsmaschine durch eine Transmission eine andere Maschine verbunden wird. Auch hier wird der elektrischen Anlage elektrische Kraft mittelbar entzogen, indem der durch die unbefugt angeschlossene Vorrichtung herbeigeführte Mehrverbrauch mechanischer Kraft eine Mehrleistung an elektrischer Arbeit erfordert[11]."

b) Verordnung des Reichspräsidenten gegen unbefugten Gebrauch von Kraftfahrzeugen und Fahrrädern vom 20. Oktober 1932:

„Auf Grund des Artikels 48 Abs. 2 der Reichsverfassung wird verordnet:

§ 1. Wer ein Kraftfahrzeug oder ein Fahrrad gegen den Willen des Berechtigten in Gebrauch nimmt, wird, sofern die Tat nicht nach anderen Vorschriften mit schwererer Strafe bedroht ist, mit Gefängnis bis zu drei Jahren bestraft.

Der Versuch ist strafbar.

Die Verfolgung tritt nur auf Antrag ein. Die Zurücknahme des Antrags ist zulässig.

Wer die Tat gegen seinen Ehegatten oder gegen einen Verwandten absteigender Linie begeht, ist straffrei. Kraftfahrzeuge im Sinne dieser Verordnung sind die Fahrzeuge, die durch Maschinenkraft bewegt werden, Landkraftfahrzeuge nur insoweit, als sie nicht an Bahngleise gebunden sind.

§ 2. Diese Verordnung tritt am 1. November 1932 in Kraft."

c) Diese Gegenüberstellung soll zum Schluß nochmals den Unterschied zwischen dem gesuchten Gegenstand der Kraft

---

[11] Über die strafrechtliche Seite dieser Angelegenheit handelt § 8 dieses Grundrisses.

und dem hergebrachten Begriff der Sache an den gebrachten Beispielen und Tatbeständen klarmachen.

Bei beiden Gruppen ist Zweck der Betätigung die Gebrauchmachung.

Den Fällen der ersten Gruppe ist der „Verbrauch fremder Kraft" gemeinsam, dem Tatbestand der Reichsverordnung der Gebrauch fremder Sachen.

Die Tatsache aber, daß Kraft an Kraftträger, also Sachen gebunden ist, war der Ausgangspunkt der vorstehenden Entwicklung der Rechtsgestalt der Kraft. Die Erkenntnis, daß Kraft und Gebrauchmachung nicht dasselbe ist, führte zur Aufstellung des Begriffes Kraft statt bzw. neben dem der Energie.

§ 3. Die Hauptbeteiligten.

A. Die Reichsaufsicht.

„Die deutsche Energiewirtschaft (Elektrizitäts- und Gasversorgung) untersteht der Aufsicht des Reiches." (§ 1 Abs. 1 des Gesetzes.)

1. Im Gegensatz zu den seinerzeit in der ersten Zeit der Republik regierungsseitig vertretenen, ja sogar gesetzlich niedergelegten[12] Ideen einer Sozialisierung der deutschen Elektrizitätswirtschaft hat der heutige Staat, hat insbesondere das Energiewirtschaftsgesetz die deutsche Energiewirtschaft nicht nur unangetastet gelassen, sondern sie in ihrem bestehenden Zustande anerkannt und unter besonderen Schutz gestellt.

Dieser Schutz setzt, wie immer im Rechtsstaate, eine Überwachung und eine Ausrichtung in der Richtung voraus, daß die geschützte Tätigkeit im Einklang mit den Gesetzen, den eigenen Satzungen, den Zielen der Staatsführung und — im sozialen Staate — im Interesse des Gemeinwohles und gemeinen Nutzens erfolgt.

„Die Aufsicht übt der Reichswirtschaftsminister aus, und zwar, soweit Belange der Energieversorgung der Gemeinden und Gemeindeverbände berührt werden, im Einvernehmen mit dem Reichsminister des Innern in seiner Eigenschaft als Kommunalaufsichtsbehörde." (§ 1 Abs. 2 des Gesetzes.)

---

[12] Gesetz, betreffend Sozialisierung der Elektrizitätswirtschaft, vom 31. Dezember 1919.

Die hier vom Gesetzgeber für die Betätigung des Aufsichtsrechtes gewählte Fassung entspricht dem Wortlaut eines anderen Gesetzes aus dem Recht der Technik, dem § 1 des Gesetzes über Fernmeldeanlagen vom 14. Januar 1928.

„Das Recht, Fernmeldeanlagen, nämlich Telegraphenanlagen für die Vermittlung von Nachrichten, Fernsprechanlagen und Funkanlagen, zu errichten und zu betreiben, steht ausschließlich dem Reiche zu.“ (Abs. 1 Satz 1.)

Das im Abs. 1 bezeichnete Recht übt der Reichspostminister aus; für Anlagen, die zur Verteidigung des Reiches bestimmt sind, übt es der Reichswehrminister aus.“ (Abs. 2.)

Gerade der Vergleich dieser Bestimmung mit § 1 des Energiewirtschaftsgesetzes zwingt zu dem Schluß, daß die Stellung des Reichsinnenministers in Angelegenheiten der deutschen Energiewirtschaft keine gleichgeordnete ist.

Das beweist einerseits eben dieser Vergleich bei der Wahl des Begriffs „Einvernehmen“ in § 1 Abs. 2 des Gesetzes und die doch gewissermaßen authentische Interpretation, die der Reichswirtschaftsminister selbst diesem Verhältnis zwischen beiden Stellen gegeben hat:

„In enger Zusammenarbeit mit den an den kommunalen Werken infolge der ihm zustehenden Kommunalaufsicht interessierten Reichsminister des Innern wird das Reichswirtschaftsministerium die Leitung der energiewirtschaftlichen Fragen in die Hand nehmen[13].“

2. „Der Reichswirtschaftsminister erläßt im Einvernehmen mit den beteiligten Reichsministern die zur Durchführung dieses Gesetzes erforderlichen Rechtsverordnungen und allgemeinen Verwaltungsvorschriften.“ (§ 19 Abs. 1.)

Abgesehen von dieser ausdrücklichen Bestimmung ist es eine aus der Rechtsnatur des Führerstaates wie aus dem Aufbau der Ministerien im Verhältnis zur obersten Führung folgende staatsrechtliche Selbstverständlichkeit, daß erforderlichenfalls mit den jeweils beteiligten Behörden bei der Ausführung des Energiewirtschaftsgesetzes in Verbindung getreten wird.

---

[13] Näheres über die Reichsaufsicht, insbesondere über das Verhältnis der „Ausübung“ durch den Reichswirtschaftsminister und das „Einvernehmen“ mit dem Reichsinnenminister, in der Abhandlung von H. Lessenich, Energiewirtschaft und Reichsaufsicht, Berlin 1938.

So wird sich der Reichswirtschaftsminister, wenn er gemäß § 13[14] pflichtgemäß die entsprechenden Vorschriften und Anordnungen ergehen läßt, nicht nur zweckmäßiger, sondern aus den angedeuteten Gründen notwendigerweise solchenfalls mit dem Reichskriegsminister ins Einvernehmen setzen, zumal da bei den in § 13 gedachten Zuständen die Initiative von dem letzteren ausgehen wird[15].

[14] „Der Reichswirtschaftsminister kann Vorschriften und Anordnungen über die Erhaltung vorhandener und die Errichtung zusätzlicher Energieanlagen sowie über die Abgabe von Energie erlassen, soweit solche zur Sicherstellung der Landesverteidigung erforderlich sind und den Unternehmen zugemutet werden können." (§ 13 Abs. 1 Satz 1.)

[15] Ein weiterer praktischer Einzelfall eines „Einvernehmens" mit einer gleichzeitig interessierten, beteiligten oder notwendigen Stelle enthält der Erlaß des Reichs- und Preußischen Wirtschaftsministers vom 1. Juli 1935 (abgedruckt bei Müller, Kommentar, S. 106ff.). Der Tatbestand ist, im Wortlaute des Erlasses, folgender: „Aus Kreisen der Elektrizitätswirtschaft sind mir Fälle mitgeteilt worden, in denen ... die Aufrechterhaltung von Leitungsverbindungen dadurch in Zweifel gestellt worden ist, daß die Wegeberechtigten die Genehmigung zur Wegebenutzung widerrufen oder bei Ablauf nicht erneuert haben. Eine solche Haltung der Wegeberechtigten kann dazu führen, daß die Sicherheit der Stromversorgung in einzelnen Gebieten beeinträchtigt wird und gegebenenfalls unter Aufwendung besonderer Mittel wiederhergestellt werden müßte. Um solche Folgewirkungen zu vermeiden, ersuche ich im Einvernehmen mit dem Herrn Generalinspektor für das deutsche Straßenwesen, in allen Fällen, in denen ein bestehendes Recht zur Kreuzung oder sonstigen Benutzung von der Länderverwaltung unterstehenden Straßen oder anderem staatseigenen Gelände für Anlagen zur Fortleitung von Elektrizität mit einer Spannung von 20 kV und mehr widerrufen oder bei Ablauf der Genehmigung nicht erneuert werden soll, oder in denen die Landesregierung beabsichtigt, einen Antrag auf Erteilung der Genehmigung zur Kreuzung oder Benutzung von der Länderverwaltung unterstehenden Straßen oder anderem staatseigenem Gelände nicht zu genehmigen, vor der Entscheidung meine Zustimmung einzuholen.

Ist ein Widerruf von Rechten der vorgenannten Art bereits erfolgt, die Entfernung der in Frage kommenden Leitungsanlagen aber noch nicht durchgeführt, und beantragt in solchen Fällen das Unternehmen eine Aufhebung des Widerrufs oder die Verlängerung der Rechte zur Benutzung der Straßen oder sonstigen staatseigenen Geländes, so hat es bei dem vor dem Widerruf bestehenden Zustande zu verbleiben, bis über den Antrag des Unternehmens mit meiner Zustimmung neu entschieden worden ist. Soweit es sich um Genehmigungen auf Reichsstraßen handelt, ist der Antrag auf Erteilung meiner Zustimmung durch die Hand des Herrn Generalinspektors für das deutsche Straßenwesen an mich einzureichen. Dem Antrag ist eine Stellungnahme des Straßenbaudezernenten beizufügen. Die Vorschriften dieses Erlasses gelten auch dann, wenn sich das Genehmigungs-

3. Der Reichswirtschaftsminister kann bei Durchführung des Energiewirtschaftsgesetzes Landesgesetze und landesrechtliche Vorschriften über die Energieversorgung ändern oder außer Kraft setzen (§ 19 Abs. 2). Selbstverständliche Folge der Reichsaufsicht ist, daß eine Aufsicht seitens der Länder nicht mehr bestehen kann und neue Länderbestimmungen dieser Art unzulässig sind.

4. Wenn das Reich durch das Energiewirtschaftsgesetz die bestehende deutsche Energiewirtschaft und damit jedes einzelne sie bildende Versorgungsunternehmen zur Aufsicht übernahm, so mußte notwendiger- und gerechterweise die Gewerbefreiheit für die Begründung neuer Unternehmen in gewissem Sinne und in bestimmter Weise aufgehoben werden.

Diese übernommene Energiewirtschaft — soweit es nicht Unternehmungen der öffentlichen Hand waren — ist auf dem Boden der Gewerbefreiheit mit privater Initiative, mit privatem Kapital, mit privater Verantwortung und Haftung begründet, betrieben und zum Erfolg geführt worden. Abgesehen davon, daß Fehlgründungen den Gründern selbst nur schädlich sind, erfordert die Tatsache und der Zweck der Reichsaufsicht, daß sich Neugründungen organisch in den bestehenden Wirtschaftsorganismus einordnen.

Deshalb bestimmt § 5 Abs. 1 des Gesetzes:

„Wenn Unternehmen und Betriebe, die nicht Energieversorgungsunternehmungen sind, die Versorgung anderer mit Energie aufnehmen, so bedürfen sie hierzu der Genehmigung des Reichswirtschaftsministers."

Diese Genehmigung ist ein Rechtsinstitut des öffentlichen, nämlich des Verwaltungsrechts, ein Hoheitsakt, der als solcher im freien Ermessen des Reichswirtschaftsministers besteht. Man darf aber dieses pflichtgemäß auszuübende freie Ermessen der Verwaltung nicht einer Willkür im tadelnden Sinne gleichsetzen, wie liberalistische Rechtsanschauung es tat, die Schutz vor der Verwaltung forderte.

Die Verwaltung hat der Öffentlichkeit, dem gemeinen Wohl, dem Gemeinnutz zu dienen.

---

recht der Landesregierung oder nachgeordneter Behörden auf gesetzliche Bestimmungen stützt."

Man beachte die durchaus öffentlichrechtliche Behandlung durchaus öffentlichrechtlicher Tatbestände! (Näheres siehe § 4 B dieser Darstellung.) — Vgl. auch RdErl. Nr. 12/37 des Generalinsp. f. d. dtsch. Straßenwesen v. 23. 3. 1937, in RMBliV. 1937, Sp. 617.

Ebensowenig wie es angängig wäre, dem von der deutschen Energiewirtschaft geschaffenen Rechtssystem Willkür in diesem tadelnden Sinne vorzuwerfen, ebensowenig ist es zulässig, an pflichtgemäßer Ausübung öffentlichrechtlichen Ermessens zu zweifeln. Wenn also das öffentliche Interesse die Genehmigung eines beabsichtigten neuen Versorgungsunternehmens erfordert, muß und wird der Reichswirtschaftsminister sie aussprechen. Ergibt die Prüfung aber ein solches Interesse nicht, dann muß und wird die Genehmigung versagt werden.

Hierbei darf vom Standpunkte des Gemeinnutzes nicht irgendwie gefragt und maßgeblich werden, ob ein bestehendes Unternehmen durch die Neugründung vielleicht künftig etwas weniger verdient. Allein: Wenn das solchenfalls betroffene bereits bestehende Unternehmen einerseits in der Lage wäre, die Aufgaben, die sich das beabsichtigte neue Unternehmen vorgenommen hat, selbst zu erfüllen, anderseits die Einwirkungen des neuen Unternehmens die bestehende zuständige Energiewirtschaft veranlassen müßten, zum Nachteile der Allgemeinheit teurer zu liefern, dann ist eben eindeutig für den Reichswirtschaftsminister gerade auf Grund seines „freien", auf Gemeinnutz ausgerichteten Ermessens der pflichtgemäße Tatbestand einer Verweigerung der Genehmigung gegeben.

Nicht minder dann, wenn die beabsichtigte sog. Neugründung Mittel einer Gesetzesumgehung werden soll.

5. Die Genehmigungspflicht — eine Pflicht also sowohl passiver wie aktiver Art — gilt, wie schon gesagt, nur für Neugründungen.

Die deutsche Energiewirtschaft gründet sich rechtlich ausschließlich auf § 1 der Reichsgewerbeordnung, der — heute noch gültig — bestimmte:

„Der Betrieb eines Gewerbes ist jedermann gestattet, soweit nicht durch dieses Gesetz Ausnahmen oder Beschränkungen vorgeschrieben oder zugelassen sind." (Abs. 1.)[16]

---

[16] § 1 Abs. 2 fährt fort: „Wer gegenwärtig zum Betrieb eines Gewerbes berechtigt ist, kann von demselben nicht deshalb ausgeschlossen werden, weil er den Erfordernissen dieses Gesetzes nicht genügt."

Diese Bestimmung gilt sinngemäß eigentlich auch für die Tatbestände der — eben auf Grund seither bestehender Gewerbefreiheit entstandenen — deutschen Energiewirtschaft; denn bei Inkrafttreten des Energiewirtschaftsgesetzes „gegenwärtige" Versorgungsunternehmungen bleiben bestehen, obwohl sie ohne Genehmigung entstanden sind.

Sodann beruhen sowohl die Begründung wie die Verwaltung, der Betrieb eines Elektrizitätsversorgungsunternehmens z. B., wie insbesondere die Eigenart und Vielseitigkeit der Rechtsverhältnisse, insbesondere der sog. Elektrizitätslieferungsverhältnisse, vor Geltung des Energiewirtschaftsgesetzes auf der in der Weimarer Verfassung seinerzeit sogar ausdrücklich „verankerten" Wirtschaftsfreiheit und Vertragsfreiheit.

Nur § 5 des Gesetzes macht im gewissen Sinne eine Ausnahme, und zwar — je nach Betrachtung — zugunsten der bereits arbeitenden Versorgungsunternehmungen oder der Allgemeinheit, die auf das neue Unternehmen angewiesen sein wird, wie sie es auf die bereits bestehende Energiewirtschaft war.

Daß § 1 Abs. 1 auch in unmittelbarem Gegensatz zu Abs. 2 steht, der von der Errichtung oder Erweiterung einer Eigenanlage spricht, ist ersichtlich.

6. a) „Die Personen, deren sich der Reichswirtschaftsminister zur Erfüllung seiner Obliegenheiten bedient, und deren Gehilfen dürfen vorbehaltlich der dienstlichen Berichterstattung die bei Wahrnehmung ihres Dienstes erlangten Kenntnisse von Geschäfts- und Betriebsgeheimnissen nicht unbefugt verwerten oder an andere mitteilen. Über andere Tatsachen, an deren Nichtbekanntwerden ein öffentliches Interesse oder ein berechtigtes Interesse der Betroffenen besteht, haben sie die Verschwiegenheit zu wahren. Angestellte sind auf gewissenhafte Erledigung ihrer Obliegenheiten durch Handschlag zu verpflichten. Diese Pflichten werden durch Ausscheiden aus dem Dienst oder Beendigung der Tätigkeit nicht berührt." (§ 14.)

b) (1) „Zur Vorbereitung der Entscheidungen und Anordnungen aus diesem Gesetz kann der Reichswirtschaftsminister den Leiter der Reichsgruppe Energiewirtschaft mit Aufträgen versehen. Er kann ferner Befugnisse aus den §§ 3 und 4 Abs. 1[17]

[17] § 3: Der Reichswirtschaftsminister kann von den Energieversorgungsunternehmen jede Auskunft über ihre technischen und wirtschaftlichen Verhältnisse verlangen, soweit der Zweck dieses Gesetzes es erfordert. Er kann auch bestimmte technische und wirtschaftliche Vorgänge und Tatbestände bei diesen Unternehmen mitteilungspflichtig machen.

§ 4 Abs. 1: Die Energieversorgungsunternehmen sind verpflichtet, vor dem Bau, der Erneuerung, der Erweiterung oder der Stillegung von Energieanlagen dem Reichswirtschaftsminister Anzeige zu erstatten.

auf den Leiter der Reichsgruppe Energiewirtschaft übertragen.“ (§ 16 Abs. 1.)

(2) „Der Reichswirtschaftsminister kann Befugnisse aus §§ 3, 4 Abs. 1 und Abs. 2, § 5 Abs. 1 und § 13 Abs. 2 dieses Gesetzes auf nachgeordnete Behörden übertragen.“[18] (§ 16 Abs. 2.)

B. Die Energieversorgungsunternehmen.

1. „Energieversorgungsunternehmen im Sinne dieses Gesetzes sind ohne Rücksicht auf Rechtsformen und Eigentumsverhältnisse alle Unternehmen und Betriebe, die andere mit elektrischer Energie oder Gas versorgen oder Betriebe dieser Art verwalten (öffentliche Energieversorgung).

Unternehmen und Betriebe, welche nur teilweise oder im Nebenbetrieb öffentliche Energieversorgung betreiben, gelten insoweit als Energieversorgungsunternehmen. Der Reichswirtschaftsminister entscheidet endgültig darüber, ob und inwieweit ein Unternehmen ein Energieversorgungsunternehmen im Sinne dieses Gesetzes ist.“ (§ 2 Abs. 2.)

2. Das Energieversorgungsunternehmen im Sinne des Gesetzes ist — im Gegensatz zu der später zu behandelnden Eigenanlage — ein solches, das andere mit Energie im Sinne des Gesetzes, d. h. mit Elektrizität oder Gas versorgt.

Diese Unternehmen betreiben — privatrechtlich und privatwirtschaftlich geschaut und gesprochen — ein Gewerbe, sie führen eine Wirtschaft.

Eine öffentlichrechtliche Rechtsanschauung und Rechtsbetrachtung, die staatsrechtlich vom Staate, verwaltungsrechtlich vom Standpunkte der Allgemeinheit und von der letzteren Interesse, dem öffentlichen Interesse, aus diagnostiziert, bezeichnete

---

[18] § 4 Abs. 2: Der Reichswirtschaftsminister kann den Bau, die Erneuerung, die Erweiterung oder die Stillegung von Energieanlagen der Energieversorgungsunternehmen innerhalb einer Frist von einem Monat nach Eingang der Anzeige beanstanden. Beanstandete Vorhaben kann er innerhalb einer weiteren Frist von zwei Monaten nach der Beanstandung untersagen, wenn Gründe des Gemeinwohls es erfordern. Der Untersagung geht ein Untersagungsverfahren voraus.

§ 13 Abs. 2: Der Reichswirtschaftsminister erläßt Vorschriften und Anordnungen über die technische Beschaffenheit, die Betriebssicherheit, die Installation von Energieanlagen und von Energieverbrauchsgeräten sowie deren Überwachung.

schon vor der Beabsichtigung eines besonderen Gesetzes die deutsche Energiewirtschaft als öffentliche Tätigkeit[19].

Das Gesetz hat nun diesen Begriff und Sinn der Öffentlichkeit anerkannt und übernommen, als es die Tätigkeit der Energieversorgungsunternehmen im Sinne des Gesetzes als „öffentliche Energieversorgung" ehrend, auszeichnend benannte und kennzeichnete.

3. Geht schon aus diesem Begriffe der Öffentlichkeit mit dogmatischer Zwangsläufigkeit hervor, daß sie nichts mit dem Träger der Versorgungstätigkeit zu tun hat, so hielt es das Gesetz — gerade gegenüber bestehender, teils unbewußter, teils bewußter Verwirrung — dennoch für notwendig, noch ausdrücklich festzulegen, daß das Moment der Öffentlichkeit jedem Versorgungsunternehmen im Sinne des Gesetzes anhafte, „ohne Rücksicht auf Rechtsformen und Eigentumsverhältnisse".

Demgemäß ist es für die Eigenschaft der Öffentlichkeit eines solchen Unternehmens gleichgültig, ob es sich um das Unternehmen eines einzelnen handelt, ob um ein Unternehmen in Gesellschaftsform (offene Handelsgesellschaft, Kommanditgesellschaft, Aktiengesellschaft, Gesellschaft mit beschränkter Haftung); ob dem Unternehmen ein privatrechtlicher Betrieb der sog. öffentlichen Hand oder eine öffentliche Anstalt die Form geliehen hat.

---

[19] Vor allem vor Geltung des Gesetzes suchte man dieses ehrenvolle Merkmal des Gemeinnutzes, das in dem Wort und Begriffe der Öffentlichkeit in diesem Sinne enthalten ist, durch allerlei Wortspielereien teils zu verflachen, teils zu verwirren, teils durch „positive" Definitionen zu spezialisieren, um zu paralysieren. Hierher gehören Deutungen wie die: Die Elektrizitätswirtschaft heiße deshalb eine öffentliche, weil sie „öffentliche" Wege benutze. Sofort argumentierte man — um die Elektrizitätswirtschaft dem Bannkreise des Privatrechtes nicht entschlüpfen zu lassen — weiter: Da sie die öffentlichen Wege aber nicht innerhalb des Gemeingebrauchs in Anspruch nehme, sei gerade das Verhältnis zu den öffentlichen Wegen doch kein öffentliches bzw. öffentlichrechtliches. Eine Rechts- und Kampfgemeinschaft gegen den öffentlichen Weg im Sinne des deutschen Verwaltungsrechtes (nicht eines fehlenden Verwaltungsgesetzes) liegt auch dem § 4 des Statutes der ehemaligen Vereinigung der Elektrizitätswerke zugrunde, der bestimmte, daß Mitglied werden können „Natürliche und juristische Personen, die gewerbsmäßig elektrische Arbeit abgeben, wenn zu deren Fortführung dem öffentlichen Gebrauch dienende Verkehrswege benutzt oder gekreuzt werden".

Und ebenso belanglos für die öffentliche Qualität sind die Eigentumsverhältnisse.

Schon die Tatsache, daß das Wort „öffentlich“ nicht eigentlich dem Hauptworte „Unternehmen“, sondern dem Worte „Energieversorgung“ beigegeben ist, bedeutet, daß die Tätigkeit eine öffentliche ist, daß aber ebensowenig wie der Träger des Unternehmens, ebenso auch das Eigentum kein öffentliches zu sein braucht; daß auch dann öffentliche Versorgung getrieben wird, wenn es sich als ein gemischtwirtschaftliches oder privates Unternehmen darstellt, falls man dieses Beispiel nicht zu den obigen, die Form betreffenden, zählen will. Denn das „Eigentum“ am eingeschossenen Geld bzw. an den Aktien usw. ist selbstverständlich privatrechtlich, auch wenn es in einem sog. gemischtwirtschaftlichen Unternehmen steckt, ja selbst das „Eigentum“ an den eingezogenen Gebühren einer öffentlichen Anstalt ist rein privatrechtlich.

Der Begriff und die Bedeutung der „Öffentlichkeit“ aber kann nicht mit privatrechtlichen Worten gedeutet werden. Die Diagnose der Öffentlichkeit im einzelnen wird im zweiten Teil dieser Darstellung erfolgen.

4. Das Gesetz teilt die gesetzlichen Energieversorgungsunternehmen in „Unternehmen“ und „Betriebe“.

Sie dürfen zunächst nicht mit Wort und Begriff der „Anlage“ verwechselt werden. Die Deutung der „Anlage“ gehört ins Sachenrecht, „Unternehmen“ und „Betrieb“ aber sind Sammelwörter für eine Tätigkeit und die für diese notwendigen Menschen, Sachen, Rechte und — Energien!

Nicht nur aus der Reihenfolge des Gesetzes, sondern insbesondere auch deshalb, weil im letzten Satze des § 2 der Betrieb überhaupt nicht mehr besonders genannt ist, könnte man entnehmen, daß „Betrieb“ dem „Unternehmen“ in gewissem Sinne untergeordnet gedacht werden soll. Dasselbe gilt für § 15, wo Erzwingungsstrafen gegen „verantwortliche Leiter“ nur für Leiter von „Unternehmen“ vorgesehen sind. Und aus § 4 Abs. 4 läßt sich dieser Schluß sogar unmittelbar ziehen; denn hier wird gesprochen von „Energieanlagen ..., die zum Betriebe anderer Unternehmen als Energieversorgungsunternehmen gehören“.

Umgekehrt spricht § 2 Abs. 2 selbst nur wieder von Verwaltung von Betrieben und läßt hier das Unternehmen aus.

Wie dem Verhältnis zwischen Unternehmen und Betrieb überhaupt oder im einzelnen aber auch sei, wesentlich ist sowohl beim Unternehmen wie beim Betrieb allein das Moment der Öffentlichkeit.

So sind weniger zu teilen und zu trennen „Unternehmen" und „Betrieb", als öffentliche und nichtöffentliche Unternehmen und Betriebe, nicht im Sinne von Form und Eigentum, sondern der Tätigkeit, der Versorgung.

5. Zu den Versorgungsunternehmungen im Sinne des Gesetzes gehören nicht nur alle Unternehmen und Betriebe, die andere mit elektrischer Energie oder Gas versorgen, sondern auch solche, die „Betriebe dieser Art verwalten".

Auch das Wort „verwalten" bezieht sich auf Tätigkeit, ja, es bedeutet selbst eine Tätigkeit. Näheres über die hier in Frage kommenden Fälle dieser verwaltenden Tätigkeit bringt § 5 dieser Darstellung.

6. Zum Schluß sei nochmals die, wenn auch nur mehr formell bedeutsame Bestimmung des Gesetzes erwähnt, welche zwar scheinbar nur eine berichtigende Feststellung[20] trifft, die aber am Ende des Gesetzes die Freiheit der deutschen Energiewirtschaft von staatlichen Eingriffen grundsätzlich wiederholt.

„(1) Das Gesetz betreffend Sozialisierung der Elektrizitätswirtschaft vom 31. Dezember 1919 (Reichsgesetzbl. 1920, S. 19) und die Bekanntmachung über Elektrizität und Gas sowie Dampf, Druckluft, Heiß- und Leitungswasser vom 21. Juni 1917 (Reichsgesetzbl. S. 543) werden aufgehoben. Die Verordnung über Mitteilungspflicht in der Energiewirtschaft vom 30. Juli 1934 (Reichsgesetzbl. I, S. 765) tritt zu einem von dem Reichswirtschaftsminister zu bestimmenden Zeitpunkt außer Kraft.

(2) Mit Ablauf des 31. März 1936 tritt die Verordnung über

[20] Man ist seitens der deutschen Elektrizitätswirtschaft über dieses sog. Sozialisierungsgesetz zur Tagesordnung übergegangen und hat es grundsätzlich ignoriert. In einem Punkte hat man sogar aus der momentanen Not eine bleibende Tugend gemacht und § 23 gern als geltend anerkannt, weil er nämlich bestimmte: „Die infolge dieses Gesetzes vorgenommenen Rechtsakte sind frei von öffentlichen Abgaben." Auf Grund dieser Schlußbestimmung jenes Gesetzes ließ man gewisse Rechtsakte, insbesondere Enteignungen, auch kapitalistische Manipulationen, als gebührenfrei anerkennen.

die schiedsgerichtliche Erhöhung von Preisen bei Lieferung von elektrischer Arbeit, Gas und Leitungswasser in der Fassung vom 16. Juni 1922 (Reichsgesetzbl. I, S. 509 — Schiedsgerichtsverordnung) außer Kraft. Die im Zeitpunkt des Außerkrafttretens der Verordnung anhängigen Verfahren können nach den bisher geltenden Vorschriften weitergeführt werden; der Reichsjustizminister wird ermächtigt, die Verfahren auf andere Stellen überzuleiten." (§ 17.)

C. Die Gemeinden.

1. „Die Beteiligung des Reichsministers des Inneren an den Angelegenheiten, die den Bereich der in der deutschen Gemeindeordnung neu geregelten Kommunalaufsicht berühren, ist ausdrücklich im Gesetz hervorgehoben, damit bei Gemeinden und Gemeindeverbänden Zweifel über die einheitliche Linie der Energiepolitik des Reiches von vornherein ausgeschlossen werden."[21]

2. Die in § 1 Abs. 2 des Gesetzes erwähnte, oben bereits grundsätzlich behandelte Mitwirkung des Reichsinnenministers als Kommunalaufsichtsbehörde, „soweit Belange der Energieversorgung der Gemeinden und Gemeindeverbände berührt werden", wird stattfinden sowohl dann, wenn ein kommunales Versorgungsunternehmen vorhanden ist, als auch dann, wenn Gemeinden oder Gemeindeverbände als „Energieabnehmer", also als Versorgte in Frage kommen.

3[22]. Im Königreich Sachsen hatten sich die im Gemeindebesitz befindlichen Elektrizitätswerke zu einem besonderen Verband zusammengeschlossen, der in späteren Jahren zum „Wirtschaftsverband Sächsischer Gemeinden" ausgebaut wurde. Das sächsische Ministerium des Innern begrüßte in einer Verordnung vom 12. April 1913 die Gründung dieses Verbandes. Es betonte dabei, daß nach wie vor jede Gemeinde und jeder Gemeindeverband in seinen Entschlüssen, ob er beitreten wolle oder nicht, völlig frei sei, benutzte aber die Gelegenheit, nochmals die grundsätzlichen Ansichten des Ministeriums zu entwickeln:

---

[21] Aus der amtlichen „Begründung" zum Energiewirtschaftsgesetz, drittletzter Absatz, Satz 1.

[22] Aus: A. Friedrich, Staat und Energiewirtschaft. Der Weg zum Energiewirtschaftsgesetz, 1936, S. 28/29.

„Das Ministerium des Innern hat bereits früher ausgesprochen, daß ihm die Stromversorgung durch die Gemeinden dem öffentlichen Wohle in der Regel am meisten zu entsprechen scheint. Die Aufsichtsbehörden werden daher die Stromversorgung durch öffentliche Körperschaften nach Kräften zu fördern haben. Damit sie dies mit Erfolg tun können, werden die Gemeinden hiermit angewiesen, in dem Falle, wo sie mit einem privaten Unternehmer in, wenn auch zunächst nur formlose und unverbindliche Verhandlungen über die Versorgung ihres Gebietes mit elektrischer Energie oder über die Stillegung oder Veräußerung ihres Werkes treten, alsbald der Aufsichtsbehörde Anzeige zu erstatten.

Die Aufsichtsbehörden haben von dieser Anzeige alsbald dem Verbande der im Gemeindebesitz befindlichen Elektrizitätswerke Sachsens sowie den sonstigen in ihrem Bezirke die Stromversorgung betreibenden öffentlichen Verbänden Mitteilung zu machen, damit diesen ermöglicht wird, rechtzeitig den Wettbewerb mit den privaten Unternehmern aufzunehmen."

4. Der Gedanke der Förderung der Elektrizitätswirtschaft durch die Gemeinden war auch maßgebend bei den „Vorschlägen für die Neugestaltung der deutschen Elektrizitätswirtschaft", erstattet vom Deutschen Gemeindetag[23] im Jahre 1933.

Die Vorschläge empfahlen die Aufrechterhaltung aller kleineren, mittleren und größeren Betriebe neben den ausschließlich für Fernstromversorgung bestimmten Großkraftwerken. Die Erzeugung sollte ebenso wie die Verteilung gebietsmäßig gegliedert werden. Hinsichtlich der Verteilung wurde die Schaffung von „Elektrokreisen" bei weitgehender Einschaltung der Gemeinden und Gemeindeverbände verlangt.

5. Die Einstellung der Gemeinden in diesen Vorschlägen und diejenige der sächsischen Staatsregierung vom Jahre 1913 ist in einem gewissen Sinne pflichtgemäß gewesen.

Die Versorgung der Volksgenossen mit Kulturgütern, insbesondere öffentlichen Kulturgütern, ist auch öffentliche und öffentlichrechtliche Pflicht der Gemeinden. Insbesondere dann, wenn der Staat als organisierter und organisierender Kulturträger und Kulturspender dies den Gemeinden überläßt oder überträgt.

[23] Die nächsten Sätze aus FRIEDRICH, S. 64/65.

Zweierlei aber darf hier aus wirtschaftspolitischen Gründen nicht vergessen werden.

Einmal: Es mag früher Gemeinden gegeben haben, welche die Versorgung der Gemeindeangehörigen lediglich oder mindestens in erster Linie aus Gründen des Gewinnes unternommen haben.

In Fortsetzung dieses Gedankenganges muß zweitens daran erinnert werden, daß manche Gemeinde früher erst dann die Versorgungspflicht erkennen wollte, als aus den Versuchen einer wagemutigeren Privatwirtschaft nicht nur die Ungefährlichkeit des Beginnens hervorging, sondern sogar Gewinn erhofft werden konnte. Da muß in Lob der privatwirtschaftlichen Initiative und des Wagemutes der nichtstaatlichen und nichtkommunalen Elektrizitätswirtschaft gedacht werden, die heute wohl machtgebietend dasteht, die aber dereinst ohne fiskalische Gelder und ohne den Schutz der Behörden und des Staates Pionierstellung bezog und den öffentlichen Gewalten Pflichten abnahm, die eigentlich von Anfang an öffentliche Pflichten gewesen waren.

So hat die durch das Energiewirtschaftsgesetz erfolgte Anerkennung auch der sog. privaten deutschen Energiewirtschaft als Trägerin der öffentlichen Energieversorgung auch staatsrechtliche Bedeutung.

6. Noch bevor im Dezember 1935 das Energiewirtschaftsgesetz erschienen war, wurde im Januar des gleichen Jahres als Grundgesetz des nationalsozialistischen Staates und als Fundament für den Neubau des Reiches „Die Deutsche Gemeindeordnung" verkündet[24].

Durch sie werden auch technischen Betrieben und damit den kommunalen Energieversorgungsunternehmen in gewissem Sinne Schranken gezogen; d. h. Schranken vom Standpunkte absoluter, also kapitalistischer Wirtschaftsbetrachtung, nicht aber vom Standpunkte des Zweckes, d. h. der Pflichten der Gemeinden gegenüber der Öffentlichkeit.

a) So beginnt dieses Gesetz seinen 2. Abschnitt des 6. Teiles, der die Überschrift trägt „Wirtschaftliche Betätigung der Gemeinde" den ersten Absatz des § 67 mit der hier grundlegenden und richtungweisenden Bestimmung:

„Die Gemeinde darf wirtschaftliche Unternehmen nur errichten oder wesentlich erweitern, wenn

[24] 30. Januar 1935, in Kraft getreten am 1. April 1935.

1. der öffentliche Zweck das Unternehmen rechtfertigt,

2. das Unternehmen nach Art und Umfang in einem angemessenen Verhältnis zu der Leistungsfähigkeit der Gemeinde und zum voraussichtlichen Bedarf steht,

3. der Zweck nicht besser und wirtschaftlicher durch einen anderen[25] erfüllt wird oder erfüllt werden kann.

b) Unter Bezugnahme auf § 67 bestimmt weiterhin § 69 der Deutschen Gemeindeordnung im 1. Satz des 1. Absatzes:

„Die Gemeinde darf sich an einem wirtschaftlichen Unternehmen nur beteiligen, wenn die Voraussetzungen des § 67 vorliegen und wenn für die Beteiligung eine Form gewählt wird, die die Haftung der Gemeinde auf einen bestimmten Betrag begrenzt."

c) Grundsätzlich sind nach der Deutschen Gemeindeordnung[26] für Gemeindebetriebe, also auch für Energieversorgungsunternehmen, drei Arten von Betrieben zu unterscheiden:

Erstens: Reine Verwaltungsbetriebe, die von der Gemeinde zur Erfüllung öffentlicher Aufgaben pflichtgemäß errichtet und unterhalten werden.

Diese müssen gegebenenfalls auch errichtet und unterhalten werden, selbst wenn von vornherein nicht nur nicht mit Gewinn, sondern auch mit keinem „Ertrag" zu rechnen ist. Allerdings müssen auch sie „nach wirtschaftlichen Gesichtspunkten" verwaltet werden (§ 67 Abs. 2).

Zweitens: Wirtschaftliche Unternehmen sind an die in § 67 gegebenen Bedingungen und Voraussetzungen gebunden, d. h. sie dürfen, wenn der öffentliche Zweck das Unternehmen rechtfertigt,

---

[25] D. h. nicht anderen Zweck, sondern durch eine andere Person, z. B. einen Gemeindeverband oder einen privaten Träger.

[26] Hierzu ist § 72 der Deutschen Gemeindeordnung zu vergleichen: „(1) Wirtschaftliche Unternehmen sollen einen Ertrag für den Haushalt einer Gemeinde abwerfen.

(2) Die Einnahmen jedes Unternehmens sollen mindestens alle Aufwendungen decken und angemessene Rücklagen ermöglichen. Zu den Aufwendungen gehören auch die Steuern, die Zins- und Tilgungsbeträge für die zu Zwecken des Unternehmens aufgenommenen Schulden, die marktübliche Verzinsung der von der Gemeinde zur Verfügung gestellten Betriebsmittel sowie die angemessene Vergütung der Leistungen und Lieferungen von Unternehmen und Verwaltungszweigen der Gemeinden für das Unternehmen."

errichtet, aber nicht lediglich zur Gewinnerzielung gehalten werden, sollen aber nach § 72 einen Ertrag abwerfen.

Drittens: Reine Gewinnunternehmen dürfen von Gemeinden überhaupt nicht mehr errichtet oder wesentlich erweitert werden.

Nach dieser Systematik könnte man ohne besonderen Zwang zu dem Schluß gelangen, daß Versorgungsunternehmungen als wirtschaftliche Unternehmen grundsätzlich von Gemeinden nicht errichtet werden sollen bzw. dürfen, wenn bzw. weil durch die private öffentliche Energiewirtschaft der beabsichtigte Zweck (nämlich die durch das beabsichtigte Unternehmen zu erfüllenden Pflichten) „besser und wirtschaftlicher . . . erfüllt werden kann oder bereits erfüllt wird".

7. Nach Inkrafttreten der Deutschen Gemeindeordnung, aber vor Geltung des Energiewirtschaftsgesetzes hat der Reichs- und Preußische Minister des Innern unter Bezugnahme auf erstere — vielleicht auch im Hinblick auf das Gesetz — einen Runderlaß[27] aufgestellt, der den „Abschluß von Verträgen auf dem Gebiete der Energiewirtschaft durch Gemeinden und Gemeindeverbände"[28] betrifft und am 15. August 1935 ergangen ist[29].

D. Die Versorgungsberechtigten.

I. Versorgungsberechtigt sind gemäß § 2 Abs. 2 „andere", zu deren Besten das Energieversorgungsunternehmen errichtet wurde und betrieben wird.

Gemäß § 6 Abs. 1 aber sind — unter gewissen, später zu untersuchenden Voraussetzungen — diese „anderen" schlechthin „jedermann".

II. War es schon kraft ausdrücklicher Bestimmung des Gesetzes gleichgültig, welches die Rechtsform ist, unter der das Versorgungsunternehmen auftritt, so gehören auch zu den Versorgungsberechtigten grundsätzlich alle anderen, mögen sie

[27] Abgedruckt im „Ministerialblatt für die preußische innere Verwaltung, herausgegeben im Reichs- und Preußischen Ministerium des Innern", Jahrgang 96, 1935, Nr. 35 vom 28. August, Spalte 1035ff.

[28] Letztere im Text des Runderlasses mit „GV." abgekürzt.

[29] Die Frage der Gültigkeit oder stillschweigenden Aufhebung des Runderlasses nach dem bzw. durch das Energiewirtschaftsgesetz setzt die Lösung der Frage nach dem Verhältnis zwischen den beiden hier beteiligten Reichsministerien voraus. Vgl. Anmerkung 13.

natürliche oder juristische Personen sein, Einzelpersonen oder Personengesamtheiten — letztere gegebenenfalls auch ohne eigene Rechtsfähigkeit —, mag es sich um privatrechtliche oder öffentlichrechtliche Rechtssubjekte handeln.

III. Eine besondere, später im einzelnen zu behandelnde Stellung unter den Versorgungsberechtigten nehmen die Eigenversorgungsanlagen bzw. Eigenerzeugungsanlagen, die Eigenbedarfsanlagen, hier kurz Eigenanlagen genannt, ein.

1. Das Gesetz erwähnt sie in mehreren Bestimmungen:

a) „Vor der Errichtung oder Erweiterung einer Energieanlage zur Erzeugung von Elektrizität oder Gas, die zur Deckung des Eigenbedarfs bestimmt ist, hat der Unternehmer dem Energieversorgungsunternehmen, welches das Gebiet, in dem die Anlage errichtet werden soll, mit Energie versorgt, hierüber Mitteilung zu machen.“ (§ 5 Abs. 2.)

b) „Die allgemeine Anschluß- und Versorgungspflicht besteht nicht: ... 2. wenn der Anschlußnehmer die Mitteilung nach § 5 Abs. 2 unterlassen hat, es sei denn, daß die Mitteilung ohne sein Verschulden unterblieben oder seit Errichtung oder Erweiterung der Energieerzeugungsanlage ein Zeitraum von zehn Jahren verstrichen ist.“ (§ 6 Abs. 2 Ziff. 2.)

c) „Wer selbst eine Energieanlage zur Erzeugung von Elektrizität oder Gas oder eine andere gleichzuachtende Energieerzeugungsanlage betreibt, kann sich für das Grundstück, auf dem die Anlage sich befindet, und für andere eigene Grundstücke, die von der Anlage aus versorgt werden können, nicht auf die allgemeine Anschluß- und Versorgungspflicht nach Abs. 1 berufen. Er kann aber Anschluß und Versorgung in dem Ausmaß und zu Bedingungen verlangen, die dem Energieversorgungsunternehmen wirtschaftlich zumutbar sind. Verträge werden durch die Bestimmungen der Abs. 2 und 3 nicht berührt.“ (§ 6 Abs. 3.)

2. Durch die in § 5 Abs. 2 den Unternehmern einer Eigenanlage auferlegte Mitteilungspflicht soll dem örtlich zuständigen öffentlichen Versorgungsunternehmen Gelegenheit geboten werden, in Verhandlungen mit demjenigen einzutreten, der sich selbst zu versorgen beabsichtigt, und zu prüfen, ob es diesen günstiger beliefern kann, als dessen eigene Anlage zu erzeugen imstande wäre, damit auch hier Kapitalfehlleitungen möglichst vermieden werden.

Denn die amtliche Begründung zum Gesetz hatte die Notwendigkeit aufgestellt:

„1. den Bau und Ausbau der Energieerzeugungsanlagen und auch der Verteilungsanlagen in der Richtung einer rationellen, die billigste, aber auch sicherste Bereitstellung der erforderlichen Energien gewährleistenden Weise zu lenken,

2. die Energietarife dahin zu beeinflussen, daß sie sowohl den besonderen Bedürfnissen der Verbraucher angepaßt, als auch zunächst in einzelnen Wirtschaftsgebieten und weiterhin im gesamten Reichsgebiet möglichst angeglichen und volkswirtschaftlich zweckmäßig gestaltet werden."

Damit ist für die Eigenanlagen das entsprechende gewünscht bzw. angeordnet, was beim Verhältnis kommunaler Anlagen zur öffentlichen Privatwirtschaft in die gesetzliche Wendung gefaßt war:

„Die Gemeinde darf wirtschaftliche Unternehmen nur errichten oder wesentlich erweitern, wenn der Zweck nicht besser und wirtschaftlicher durch einen anderen erfüllt wird oder erfüllt werden kann."

E. Die Bodenberechtigten.

1. Ausgangspunkt für Berücksichtigung der Bodenberechtigten ist die Tatsache, daß die Versorgungsunternehmungen für die Führung der Leitungen und die Erstellung ihres technischen Zubehörs auf die Benutzung fremden Grund und Bodens angewiesen sind.

2. Hierbei denkt man zumeist und zunächst an den fremden Grundeigentümer. Als solche können Einzelpersonen, Personengesamtheiten des Privatrechtes, juristische Personen des privaten oder öffentlichen Rechtes, Kommunen und andere Träger öffentlicher Verwaltung und schließlich der Staat selbst in Frage kommen.

3. Ein wichtiger Fall der Benutzung fremden Grund und Bodens ist diejenige öffentlicher Wege, Straßen, Plätze usw. über das Maß des jedermann formlos zustehenden Gemeingebrauches hinaus.

Bei diesem Tatbestand ist weniger auszugehen von dem Eigentümer dieser Grundstücke und sonstigen Flächen, sondern von ihrer Zweckbestimmung, die sich zunächst und vor allem eben als Gemeingebrauch darstellt, der selbst aber die öffentliche

Zweckbestimmung dieser der Öffentlichkeit gewidmeten Sachen keineswegs allein ausmacht.

4. Denjenigen, welcher solchen der Öffentlichkeit gewidmeten, kurz gesagt öffentlichen Sachen die Zweckbestimmung gibt, welcher sie dem öffentlichen Zwecke gewidmet hat, kann man den Verwalter öffentlicher Sachen nennen, der — wie gesagt — keineswegs auch unbedingt oder auch nur immer zugleich Eigentümer zu sein braucht.

5. Mit dem letzteren, auch nicht notwendigerweise mit dem Verwalter, muß ferner nicht identisch sein der Träger der Wegeunterhaltspflicht, dem ein Anspruch auf Ersatz für seine durch den Eingriff des Versorgungsunternehmens gegebenenfalls entstandenen Schäden bzw. Aufwendungen für die Wiederherstellung des Weges oder eine Entschädigung für die Erschwerung der Unterhaltung gebühren kann.

6. Einer hoheitlichen Funktion des Verwalters der erwähnten öffentlichen Sachen tritt das Versorgungsunternehmen bei Erstellung seiner Anlagen in der Wegepolizei gegenüber.

7. Die Verkehrspolizei hingegen hat, wie schon ihr Name deutlich sagt, nichts mit dem Grund und Boden zu tun, sondern regelt den auf ihm und den sonstigen öffentlichen Sachen sich abspielenden Verkehr.

Zweiter Teil.

Das Recht der Energiewirtschaft, insbesondere der Elektrizitätswirtschaft.

§ 4. Das Recht der Sachen.

A. Privatrechtlich betrachtet.

I. 1. „Energieanlagen im Sinne dieses Gesetzes sind Anlagen, die der Erzeugung, Fortleitung oder Abgabe von Elektrizität oder Gas dienen. Zu den Energieanlagen gehören solche Anlagen nicht, die lediglich der Übertragung von Zeichen oder Lauten dienen." (§ 2 Abs. 1 des Energiewirtschaftsgesetzes[30].)

2. Diese Begriffsbestimmung ist — mit einer sinngemäß unerheblichen Änderung — dem Texte des § 1 der Verordnung über Mitteilungspflicht in der Energiewirtschaft vom 30. Juli 1934 entnommen[31], die von „Energieanlagen" als von „Anlagen zur Erzeugung, Fortleitung und Verteilung von Elektrizität oder Gas" sprach[32].

3. Energieanlagen sind zunächst und in erster Linie die Sachen im Sinne des Gesetzes, die den genannten Zwecken dienen. Sie setzen sich aus unbeweglichen und beweglichen körperlichen Gegenständen zusammen, insbesondere also aus Grundstücksanlagen einerseits, Maschinen und sonstigen technischen Einrichtungen anderseits.

---

[30] Vgl. zum Satz 2 den § 1 Abs. 1 Satz 2 des Fernmeldeanlagengesetzes: „Funkanlagen sind elektrische Sendeeinrichtungen sowie elektrische Empfangseinrichtungen, bei denen die Übermittlung oder der Empfang von Nachrichten, Zeichen, Bildern oder Tönen ohne Verbindungsleitungen oder unter Verwendung elektrischer, an einem Leiter entlanggeführter Schwingungen stattfinden kann."

[31] Abgedruckt im Reichsgesetzblatt Teil I S. 765.

[32] Diese Verordnung soll gemäß § 17 des Energiewirtschaftsgesetzes „zu einem von dem Reichswirtschaftsminister zu bestimmenden Zeitpunkt" außer Kraft treten.

4. Demgemäß gehören aber zunächst auch die der Erzeugung, Fortleitung oder Abgabe von Elektrizität oder Gas dienenden Grundstücke selbst und als solche zu den Energieanlagen.

Dies kann weder an sich noch insbesondere dann zweifelhaft sein, wenn man die Fassung und Systematik des durchaus und ausschließlich sachenrechtlichen § 11 des Gesetzes kennt und berücksichtigt, wo ausdrücklich und eindeutig neben den Rechten am Grundeigentum das Grundeigentum als solches anerkannt wird[33].

5. Zu den Energieanlagen im Sinne des § 2 Abs. 1 gehören ferner nicht nur dingliche Rechte an Grundstücken, sondern auch Rechte an diesen aus obligatorischen Verträgen, wenn sie nur die rechtliche ausschließliche Grundlage einer Energieanlage sind.

Rechte hingegen, von denen der Bestand einer Energieanlage nicht abhängt, die vielmehr einer solchen auch lediglich nützlich sind, zählen nicht hierher.

Demgemäß unterfallen den Energieanlagen im Sinne des § 2 Abs. 1 ebenso die Rechte aus einer Grunddienstbarkeit wie aus einem Pachtvertrage, wenn sie notwendig sind bzw. weil ohne sie der Betrieb einer Energieanlage, insbesondere auch schon deren Errichtung, gar nicht möglich ist. Rechte aber z. B. aus Verträgen über den Bezug von Kohlen stehen weder in unmittelbarer noch in ausschließlicher, vor allem auch nicht in sachenrechtlicher Beziehung zur Energieanlage.

So erscheint der Begriff der Energieanlage vom Standpunkte der absoluten Sachenrechte stark ins Nichtsachenrechtliche erweitert. Aber kraft des letzten Endes an Sachen gebundenen

---

[33] Selbstverständlich unterfallen aber weder Rechte am Grundeigentum noch das Grundeigentum als solches der Anzeigepflicht des § 4, da beide niemals „gebaut, erneuert, erweitert oder stillgelegt" zu werden vermögen, sondern nur Mittel zum „Bau, der Erneuerung, der Erweiterung oder der Stillegung" von eigentlichen Energieanlagen sein können.

Grundeigentum und Rechte an solchem dienen aber, wenn auch mittelbar so doch ausschließlich, eben als Mittel zum Bau usw. zweifellos der Erzeugung usw. von Elektrizität oder Gas.

Bei solcher Interpretation werden keineswegs zwei verschiedene Begriffsbestimmungen für Energieanlagen aufgestellt; vielmehr liegen natürlichste Gründe vor, Grundeigentum und Rechte am Grundeigentum als nichtanmeldungspflichtige Energieanlagen zu betrachten und zu behandeln.

So ähnlich Darge (s. Fußnote 86), S. 64 und S. 113; anders Eiser (s. Fußnote 86), A. 3 § 2, d.

Betriebes stehen alle diesem unmittelbar oder mittelbar, aber ausschließlich dienenden Gegenstände in sachenrechtlichen bzw. sachlichen Beziehungen zu diesem.

6. Diesem sächlichen, materiellen Tatbestand aber liegen notwendigerweise die Zwecke der Energieanlagen zugrunde, die § 2 Abs. 1 selbst bezeichnet als „Erzeugung, Fortleitung oder Abgabe von Elektrizität oder Gas".

Gerade wenn wir das der juristischen Erkenntnis der elektrischen Energie maßgebliche Wesen derselben gewissermaßen örtlich im Schalter drinnen erblicken, dürfen wir Energieverbrauchsgeräte nicht als Energieanlagen im Sinne des Gesetzes ansprechen.

Energieverbrauchsgeräte dienen vielmehr dazu, die elektrische Kraft in bestimmter Weise für den Berechtigten arbeiten zu lassen, sie sind zur Nutzbarmachung der beiden Energien bestimmt.

Zu den Energieverbrauchseinrichtungen, wenn auch größeren Umfanges in substantieller und betrieblicher Beziehung, gehören in diesem Sinne nicht nur z. B. die Triebwagen selbst, sondern auch die Verbrauchsleitungen der Straßenbahnen. Sie dienen als Fahrdraht der Abnahme der elektrischen Energie und als Schienen der Rückleitung des Stromes. Dieser Kreis ist nicht nur technisch, sondern auch rechtlich als ein geschlossener anzusehen[34].

7. Hingegen fallen, auf Grund des in dieser Darstellung angewandten Begriffes der „Kraft", technisch gesprochen wegen ihrer Zweckbestimmung, die Kraft von der Übergabestelle zur Verbrauchs-, zur Nutzungsstelle zu leiten die Installationsanlagen unter die Energieanlagen im Sinne des § 2 Abs. 1 des Gesetzes. Allerdings handelt es sich bei ihnen nicht um Energieanlagen der Versorger, sondern der Versorgten[35].

---

[34] Ob DARGE (S. 65, 4, a, am Ende) die Schienen als „Energieverbrauchsgeräte" angesehen wissen will, die „Fahrdrahtanlagen und die Speiseleitungen" aber „mit ihrem Zubehör" als „Energieanlagen", geht aus der kurzen Aufzählung nicht mit voller Deutlichkeit hervor, kann jedenfalls nicht unbedingt geschlossen werden.

[35] In diesem Zusammenhange muß auf die Bestimmung des § 13 Abs. 2 des Gesetzes der dort erfolgten interessanten Nebeneinanderstellung wegen hingewiesen werden: „Der Reichswirtschaftsminister erläßt Vorschriften und Anordnungen über die technische Beschaffenheit, die Betriebssicherheit, die Installation von Energieanlagen und von Energieverbrauchsgeräten sowie deren Überwachung."

Die letzteren beginnen naturgemäß da, wo die ersteren enden. Demgemäß sind Installationsanlagen nochmals die hinter der Verbindungsstelle liegenden Energieanlagen mit Ausnahme des Meßinstrumentes, das trotz seines sachenrechtlichen örtlichen Zustandes dem Pflichten- und Rechtskreis des Versorgers zuzuschreiben ist.

Die Rechtslage der sog. Hausanschlüsse wird grundsätzlich durch den Versorgungsvertrag bzw. die Versorgungsbedingungen bestimmt. Und zwar ist hierfür maßgebend die Tatsache, daß der Hausanschluß letzten Endes das techniche Mittel ist, mit Hilfe dessen die Versorgungsunternehmen ihrer Grundpflicht nachkommen, nämlich Kraft zur Verfügung zu stellen zur vertraglichen und in diesem Rahmen beliebigen Auswertung durch den Bezugsberechtigten.

8. Wem Eigentum oder Besitz an einer Energieanlage zusteht, ist für ihre Begriffsbestimmung eben als Energieanlage im Sinne des Gesetzes ebenso gleichgültig, wie das Gesetz im Abs. 2 des § 2 festlegte, daß Energieversorgungsunternehmen im Sinne des Gesetzes alle Unternehmen und Betriebe sind, die andere mit elektrischer Energie versorgen oder Betriebe dieser Art verwalten, „ohne Rücksicht auf Eigentumsverhältnisse“.

9. Infolgedessen gehören auch die Eigenanlagen zu den Energieanlagen im Sinne des § 2 Abs. 1[36].

10. Durch die besondere Bestimmung des § 2 Abs. 1 Satz 2 sind von der Zugehörigkeit zu den gesetzlichen Energieanlagen ausdrücklich ausgenommen solche Anlagen, die *lediglich* der Übertragung von Zeichen oder Lauten dienen.

Gegenüber dieser klaren staatlichen Bestimmung dürfen widersprechende Folgerungen nicht gezogen werden. Um so weniger ist dies gestattet, als die Gebiete des Telegraphen-, Telephon- und Funkbetriebes ihre gesetzliche abgeschlossene Sonderregelung erhalten haben.

---

[36] Auch hier muß, wie in Anmerkung 33 bereits betont, darauf hingewiesen werden, daß es zwar nur einen allgemeinen und einzigen Begriff der Energieanlagen im Sinne des Gesetzes gibt, daß aber Energieanlagen der Unternehmer, der Versorger, der Eigenerzeuger und noch andere unterschieden werden können. Dies tut auch das Gesetz, indem es z. B. in § 4 Abs. 1 ausdrücklich und ausschließlich von „Energieanlagen der Energieversorgungsunternehmen“ spricht.

Lediglich die Starkstromleitungen als solche, die **auch** als Träger der Hochfrequenztelephonie dienen, verbleiben bei den Energieanlagen im Sinne des Energiewirtschaftsgesetzes, weil sie nicht lediglich der Zeichen- oder Lautübertragung dienen.

Alle übrigen Anlagen aber, die solcher Übertragung gewidmet sind, unterstehen dem Fernmeldeanlagengesetz. Bei dieser Grenz- und Streitfrage kommt es weniger darauf an, welche Schwachstromanlagen das Energiewirtschaftsgesetz auszuschließen gedachte, als beachtet werden muß, daß das Fernmeldeanlagengesetz die hoheitliche Beaufsichtigung des gesamten Fernmeldewesens beansprucht[37].

II. Ausgangspunkt für die Betrachtung der allgemeinen Rechtslage eines Versorgungsunternehmens ist die Tatsache, daß der Betrieb für die Führung der Leitungen und die Erstellung ihres Zubehörs auf die Benutzung fremden Grundeigentums angewiesen ist[38].

1. a) „Der Eigentümer einer Sache kann, soweit nicht das Gesetz oder Rechte Dritter entgegenstehen, mit der Sache nach Belieben verfahren und andere von jeder Einwirkung ausschließen." (§ 903 BGB.)

b) „Das Recht des Eigentümers eines Grundstückes erstreckt sich auf den Raum über der Oberfläche und auf den Erdkörper unter der Oberfläche. Der Eigentümer kann jedoch Einwirkungen nicht verbieten, die in solcher Höhe oder Tiefe vorgenommen werden, daß er an der Ausschließung kein Interesse hat." (§ 905 BGB.)

c) § 903 BGB. geht von dem Standpunkte einer individualistischen Universalität des Eigentums und des Eigentümers aus. § 905, der bereits dem geschlossenen Kreis der Nachbarrechte des bürgerlichen Rechtes angehört, mildert diesen egozentrischen Grundsatz etwas nach der nachbarrechtlichen Seite im Interesse eines guten nachbarlichen Einvernehmens, aber eigentlich mehr eines vernünftigen Sachen- als Personenverhältnisses. Davon abgesehen darf man nie vergessen, daß auch der Abschnitt „Eigentum" im Buche „Sachenrecht" des BGB. die Interessen privater Rechte und Besitzstände zueinander regelt und damit nur mittelbar die Beziehungen des Einzelnen zur Allgemeinheit.

[37] Dies verkennt zum Teil EISER, A. 3 zu § 2, c.

[38] So SCHNEIDER, Elektrische Energiewirtschaft, 1936, S. 362.

d) Von diesem privatrechtlichen und privatwirtschaftlichen Blickpunkt erscheint § 905 Satz 2 als recht günstige Bestimmung; ermöglicht sie es doch, auf fremde Grundstücke einzuwirken, ohne daß man vorher hierzu ein Recht erwerben muß. Denn das Gesetz hat in dieser Bestimmung eine allgemeine, dem privatrechtlichen Grundeigentum von vornherein anhaftende Schwäche festgestellt, die es widerstandslos macht gegen gewisse Einwirkungen von außerhalb.

Der Eigentümer ist nämlich dann zur (widerspruchslosen und unentgeltlichen) Duldung von Einwirkungen kraft Gesetzes verpflichtet, wenn dieselben „in solcher Höhe oder Tiefe vorgenommen werden, daß er an der Ausschließung kein Interesse hat".

Wir begegnen hier einer typisch eigennützigen Gedanken- und Satzkonstruktion, trotz scheinbarer, wenigstens nachbarlicher Gemeinnützigkeit.

Denn: Während nach heutiger und normalsozialer Rechtsanschauung die Recht- und Machtsphäre des Einzelnen nur so weit reicht, als dem öffentlichen Interesse mindestens nicht geschadet, möglichst und grundsätzlich vielmehr genützt wird, läßt § 905 Satz 2 Belange Dritter erst dann und nur dann Berücksichtigung finden, wenn der Eigentümer an der Ausschließung Dritter überhaupt kein Interesse mehr hat. Irgendeine Abwägung der fremden Interessen gegenüber den seinigen findet nicht statt.

Ferner liegt nach der allgemeinen Beweisregelung der Nachweis des Tatbestandes des mit „daß" beginnenden Satzes des Gesetzestextes demjenigen ob, der die seiner Ansicht nach kraft Gesetzes erlaubten Einwirkungen auf das Grundstück beabsichtigt. Er muß also dartun, daß der Eigentümer kein Interesse an der Ausschließung hat.

Diesen Bemühungen des anderen Teiles wird aber der Eigentümer wohl fast immer — und zwar mit Erfolg die gewiß individualistische Behauptung entgegenstellen können, daß jeder derzeitige Gebrauch des Raumes über der Oberfläche und des Erdkörpers unter der Oberfläche den künftigen eigenen Gebrauch störe.

e) Wenn der interessierte Dritte mit § 905 Satz 2 die erwünschte oder benötigte Einwirkung nicht erreicht, wird er zunächst das Mittel des Vertrages wählen, mit dessen Hilfe man alles, was nicht ausdrücklich verboten oder völlig unmöglich ist, rechtlich zu regeln vermag.

Diese vertraglichen Möglichkeiten zur Erwerbung von Rechten, um auf ihrer Grundlage Pflichten zu erfüllen, werden in § 5 ihre Darstellung finden.

f) Im Abschnitt B dieses § 4 aber wird besprochen werden das letzte Mittel zum Erwerb von Rechten an Grundstücken zum gleichen Zwecke: die Enteignung. Zu ihr wird der Interessierte, das Versorgungsunternehmen, dann greifen, wenn eine Verständigung auf dem Boden vertraglicher Gleichberechtigung nicht erreicht worden ist.

2. Für Energieversorgungsunternehmen ist die Einwirkung auf fremde Grundstücke eine Notwendigkeit, denn sie ist Voraussetzung der selbstgestellten Pflichterfüllung.

Der Erwerb von Grundstückbenutzungsrechten ist Voraussetzung der Errichtung und des Betriebes von Unternehmen, deren Zweckbestimmung ist, andere mit elektrischer Energie oder Gas zu versorgen.

a) Mit Recht hat man darauf hingewiesen, daß die Energiewirtschaft in private Interessen deshalb häufiger und stärker einzuwirken pflegt als andere industrielle Unternehmen mit nur einer oder auch mit mehreren, aber stets in sich geschlossenen Betriebsstätten, weil die Unternehmen der Energiewirtschaft weite Landstrecken beanspruchen.

b) Hierbei darf aber zweierlei nicht außer acht gelassen werden:

Einmal werden selbst eigentliche Verkehrsunternehmen, insbesondere die Eisenbahnen, soweit sie an Bahnen aus Eisen gebunden sind, die ebenfalls Netze in das Land legen, die benötigten Bodenflächen zumeist zu Eigentum erwerben; hierzu sind die rechtlichen Wege klar und deutlich vorgezeichnet.

Die Energieversorgungsunternehmen aber, und das ist der andere zu beachtende Punkt, werden nicht immer, ja immer seltener zum Eigentumserwerb von Bodenflächen schreiten müssen. Sie werden zumeist ihre Leitungen durch den Raum über der Oberfläche oder durch den Erdkörper unter der Oberfläche führen und benötigen lediglich Stützpunkte, die einen so geringen Streifen der eigentlichen Erdoberfläche beanspruchen, daß sie die bestimmungsgemäße Benützung der Grundstücke mitunter, ja fast in der Regel, kaum mehr behindern als in den Fällen des § 905 Satz 2 BGB., also letzten Endes überhaupt nur dann, wenn man einen überspitzten Eigentümerindividualismus bzw. eine Eigentumsdiktatur zuläßt.

Wenn man aber berücksichtigt, daß die Energieversorgungsunternehmen zur Erfüllung ihrer Pflichten auf die Benutzung fremder Grundstücke angewiesen sind, ja daß „diese zwangsläufige Verbindung ... in Deutschland geradezu die Grundlage für die Ausgestaltung der öffentlichen Elektrizitätsversorgung abgegeben hat“[39], dann haben solche Gedanken auszuscheiden, auch ohne daß man auf andere rechts- und volkspolitische Umstände erst noch hinzuweisen brauchte[40].

3. a) Über diese bestehenden gesetzlichen Möglichkeiten auf dem Boden des privatrechtlichen Sachenrechtes hinaus hegt die Energiewirtschaft seit langem die (rechtlich mitunter unbestimmte, weil bzw. wenn an privatwirtschaftlicher und privatrechtlicher Rechts- und Wirtschaftsbetrachtung haftende) Hoffnung, ob nicht das Interesse der ausschließlichen Benutzung des Eigentums für bestimmte Leitungsanlagen zur Zusammenfassung der allgemeinen Energieversorgung ein Interesse an der Ausschließung meist begründet erscheinen lassen sollte[41].

b) Desgleichen hegt die Energiewirtschaft in diesem Zusammenhang auch eine gelegentliche Befürchtung, wenn sie

---

[39] Henke, Müller, Rumpf (hier Rumpf) (s. Fußnote 43), S. 101.

[40] In diesem Sinne schrieb bereits 1930 mit Recht Henke (in Henke, Müller, Rumpf): „Jedenfalls würde die Entwicklung der öffentlichen Elektrizitätswirtschaft ihre Rechtsgrundlage verlieren, wenn die Ausschließlichkeit der Benutzung des Eigentums für die Leitungsanlagen grundsätzlich und nicht nur in einigen Ausnahmefällen durch die zu weite Ausdehnung des § 905 Satz 2 unmöglich gemacht würde.“ (S. 12.)

[41] Vgl. zunächst Henke ebenda. — Solche durchaus berechtigten Hoffnungen lassen sich, wie die weitere Darstellung erkennen lassen wird, auf dem Boden des Verwaltungsrechtes verwirklichen, und zwar mit den Mitteln geltenden Verwaltungsrechtes.

Allerdings verschließt man sich die Verwirklichung dann, wenn man — gewiß nicht in selbstmörderischer Absicht, aber in völliger Unkenntnis des zwar nicht in Gesetzesform wie das BGB. gefaßten, aber trotzdem lebenden und in Kraft befindlichen deutschen Verwaltungsrechtes — etwa zu wissen glaubt, daß „in Deutschland mangels einer öffentlichrechtlichen Konzession“ (über dieses kraftvoll existierende Rechtsinstitut siehe später in dieser Darstellung) „das (lies: privatrechtliche) Wegeeigentum die alleinige Möglichkeit“ biete, die Energieversorgung zu ordnen.

folgert: Die Ausschließlichkeit des Wegbenutzungsrechts ist von solcher Bedeutung, daß, wenn sich die Rechtsprechung ändern und keine genügende Handhabe mehr für seine Durchsetzung bieten sollte, eine neue gesetzliche Grundlage für die Elektrizitätsversorgung geschaffen werden müßte[42].

c) Die geltende privatrechtliche Rechtsbetrachtung und Rechtspraxis wird aber von der Elektrizitätswirtschaft selbst auch als grundsätzlich mindestens unbequem empfunden.

So in der folgenden, tatsächlich ebenso zutreffenden wie logisch überzeugenden Überlegung:

„Die öffentliche Elektrizitätswirtschaft ist längst über die Zusammenfassung des Verbrauches einzelner Siedlungen, ja der größten Städte und Kreise hinausgewachsen. Ihr Ziel bringt es also mit sich, daß der die Elektrizitätswirtschaft Betreibende nicht nur auf eigenen Wegen oder den Wegesystemen eines Eigentümers, sondern auf vielen Wegesystemen, d. h. mit vielen Grundeigentümern die Energieverteilung betreiben muß. Hier ist tatsächlich in der Entwicklung der Elektrizitätswirtschaft auf der herrschenden Rechtsgrundlage[43] mit dem Fortschritt der Technik ein starkes Hemmnis empfunden worden."

d) So klingt die privatsachenrechtliche Betrachtung notwendigerweise in dem Verlangen nach verwaltungsrechtlicher, also öffentlichrechtlicher Hilfe aus. Die — in Einzelfällen nicht nur angewandten, sondern sogar anerkannten — öffentlichrechtlichen Rechtsinstitute allein in voller und vollständiger Erkenntnis und Kenntnis vermögen die für das Dasein der Energiewirtschaft lebensnotwendigen rechtlichen Lücken zu schließen.

In diesem Sinne las man:

„Um nun einen Zusammenschluß auch über den etwa unbegründeten Widerstand der Wegegrundeigentümer hinaus zu erreichen zum Ziele größter Zusammenfassung und Wirtschaftlichkeit, hat man immer wieder nach dem Gesetzgeber, d. h. also nach Änderung oder Ergänzung der herrschenden Rechtsgrundlage gerufen[44]."

---

[42] So z. B. RUMPF (in HENKE, MÜLLER, RUMPF) S. 102.

[43] Dieser treffliche Gedankengang findet sich in dem Werk von HENKE, MÜLLER, RUMPF (hier HENKE): „Rechtsgrundlagen der öffentlichen Elektrizitätswirtschaft in Deutschland", 1930, S. 13.

[44] „Rechtsgrundlagen", S. 16 oben.

„Die . . . von Fall zu Fall gegebene Möglichkeit, die Elektrizitätswirtschaft auch gegen die Versagung der freiwilligen Zustimmung des Grundeigentümers zu entwickeln, ist jedoch nur gegeben, wenn das öffentliche Interesse eindeutig die Verleihung eines solchen Hoheitsrechtes rechtfertigt[45]."

e) So drängen die Rechtsnotwendigkeiten der deutschen Energiewirtschaft nach einer Regelung, welche die öffentliche Pflichtenseite gebührend und für die Pflichtenerfüllung wirksam berücksichtigt.

Als Gegenstück zu § 904 BGB. könnte man eine Bestimmung wünschen, die etwa lautete:

„Der Eigentümer einer Sache ist nicht berechtigt, die Einwirkung eines anderen auf die Sache zu verbieten, wenn die Einwirkung im öffentlichen Interesse notwendig und die Einwirkung zumutbar ist.

Der Eigentümer kann Ersatz des ihm entstandenen Schadens verlangen, soweit dieser das zumutbare Maß übersteigt."

Eine solche Bestimmung aber erübrigt sich: das geltende deutsche Verwaltungsrecht bietet bereits diese Hilfe.

B. Verwaltungsrechtlich geschaut.

Vorbemerkung. Weite und wirkungsvolle Möglichkeiten der Einwirkung auf fremde Grundstücke bieten die Rechtsinstitute des deutschen Verwaltungsrechtes, wie sie die Praxis der öffentlichen Verwaltung entwickelt und die Verwaltungsrechtswissenschaft diagnostiziert und systematisiert hat.

Wenn nun die privatwirtschaftliche deutsche Energiewirtschaft, sehr großen Teiles auch die öffentliche Hand, gleichwohl auch bei fortschreitender Entwicklung zur „Öffentlichkeit" hin den Boden des Privatrechtes nicht oder nur selten und dann ebenso ungern wie unsicher verlassen hat, dann spricht hierfür zunächst die Gewöhnung des am römischen Privatrecht und in fast ausschließlicher privatrechtlicher Universitätsvorbildung geschulten Rechtsdenkens mit.

Weiter aber erklärt sich das — manchem (zu Unrecht) weder rechtlich und noch weniger politisch mehr verständliche — Bestreben, an den in eigener Rechtspraxis kombinierten und von eigenen die besonderen notwendigen Interessen vertretenden

[45] „Rechtsgrundlagen", S. 15 oben.

Juristen niedergelegten Rechtsgrundlagen festzuhalten, begründet vor allem daraus, daß insbesondere für privatwirtschaftliche Unternehmungen, aber auch für solche der öffentlichen Hand die privatrechtliche Rechtsgestaltung nicht nur (bei den ersteren notwendigerweise) zwischen Unternehmen und Versorgten, sondern und in erster Linie auch zwischen Unternehmen und öffentlichen Sachenherrn, vorteilhafter erscheint.

Zweifellos irregeleitet durch liberalistisches Mißtrauen gegen „vorgesetzte" Behörden an sich und die (verkannte) sog. „Willkür" der Verwaltung im besonderen fühlte man sich, glaubte man sich auf dem Boden des Vertragsrechtes mit seinen Fundamenten der Vertragsfreiheit und der Parteiengleichheit sicherer, ja vielleicht im Interesse der Sache dem Partner überlegen zu fühlen, während auf öffentlichrechtlicher Grundlage der Wegeherr sich als der stärkere erweisen könnte.

Erst die Darstellung des hier in Frage kommenden Wege- und Sachenrechtes des Verwaltungsrechtes im einzelnen wird diese Bedenken zerstreuen.

Hier aber sei bereits — weniger zur wohl nicht notwendigen „Sicherung" der Rechtslage der Versorgungsunternehmungen, als zur gesetzlichen Beruhigung von Zweiflern, denen die Welt des Gemeinschaftsrechtes und ihres Niederschlages in Verwaltungspraxis und Verwaltungswissenschaft unbekannt geblieben ist — die Forderung erhoben, durch besonderes Gesetz eine Pflicht des öffentlichen Wegeherrn zu ausschließlicher Nutzungserlaubnis für Unternehmen der öffentlichen Energieversorgung festzusetzen.

I. 1. Ist schon das Wegerecht überhaupt die tragende Rechtsgrundlage der öffentlichen Energieversorgung, weil die Energiewirtschaft zur Erfüllung ihrer Aufgaben und Pflichten von den Wegerechten der öffentlichen Wegeeigentümer für die Benutzung zu Leitungs- und sonstigen Energieanlagen abhängig ist, so ist das entscheidende die Benutzung öffentlichen Eigentums an öffentlichen Wegen, Straßen, Plätzen usw. für Errichtung, Betrieb und Verlegung der Leitungen, „die über das Maß des jedem zustehenden Gemeingebrauchs hinausgeht[46]". „Neben der Auseinandersetzung mit dem Träger der Wegeunterhaltungspflicht, dem ein Anspruch auf Ersatz für seine durch den Eingriff des Versorgungsbetriebes entstandenen Aufwendungen für die Wieder-

[46] Vgl. hier und in den folgenden Sätzen: SCHNEIDER, S. 362 unten.

herstellung des Weges bzw. für die Erschwerung der Unterhaltung zusteht, und der Wegepolizei, deren Befugnisse sich auf die Anordnung und Durchführung der zur Wahrung der Verkehrssicherheit notwendigen Schutzmaßnahmen erstrecken, ist die Erteilung der Genehmigung durch den Verwalter des öffentlichen Weges das Wichtigste."

2. § 4: Die Energieversorgungsunternehmen sind verpflichtet, vor dem Bau, der Erneuerung, der Erweiterung oder der Stilllegung von Energieanlagen dem Reichswirtschaftsminister Anzeige zu erstatten.

Der Reichswirtschaftsminister kann den Bau, die Erneuerung, die Erweiterung oder die Stillegung von Energieanlagen der Energieversorgungsunternehmen innerhalb einer Frist von einem Monat nach Eingang der Anzeige beanstanden. Beanstandete Vorhaben kann er innerhalb einer weiteren Frist von zwei Monaten nach der Beanstandung untersagen, wenn Gründe des Gemeinwohles es erfordern. Der Untersagung geht ein Untersagungsverfahren voraus.

Der Reichswirtschaftsminister bestimmt den Umfang der Anzeigepflicht nach Abs. 1. Er erläßt die Vorschriften über Formen und Fristen für die Anzeige und das Untersagungsverfahren. Er kann die in Abs. 2 bezeichnete Frist für die Untersagung verlängern.

Der Reichswirtschaftsminister kann die Auskunfts- und Mitteilungspflicht nach § 3 sowie die Anzeigepflicht nach Abs. 1 auch auf Energieanlagen erstrecken, die zum Betrieb anderer Unternehmen als Energieversorgungsunternehmen gehören.

a) Die Verpflichtung des § 4 Abs. 1 erstreckt sich lediglich auf eine Anzeige. Eine Genehmigung, wie sie z. B. § 5 des Gesetzes ausdrücklich auch dem Worte nach vorsieht, ist für die Tatbestände des § 4 nicht erforderlich.

b) Es ist demgemäß auch nicht notwendig, daß sich das Versorgungsunternehmen, welches einen Bau, eine Erneuerung, eine Erweiterung oder eine Stillegung von Energieanlagen beabsichtigt, sich hierzu einen Rechtstitel des öffentlichen Sachenrechtes verschafft.

c) Die Eigenanlagen sind von der Anzeigepflicht grundsätzlich befreit, unterliegen auch nicht der Beanstandung und Untersagung gemäß Abs. 2; wohl aber kann gemäß Abs. 4 der Reichswirtschaftsminister sowie die Auskunfts- und Mitteilungspflicht nach § 3 auch die Anzeigepflicht nach Abs. 1 des § 4 auf Eigenanlagen erstrecken.

3. Wie bereits für die Begriffsbestimmung der Energieversorgungsunternehmen im Sinne des Energiewirtschaftsgesetzes gleichgültig war, in wessen Eigentum die Anlagen der Unternehmen stehen, so hat auch die Fragestellung nach dem Eigentum, das die Energieversorgungsunternehmen zur Erfüllung ihrer Pflichten in Anspruch nehmen müssen, mindestens weniger zu lauten: Wem gehört das Grundstück?, als: Was ist der Zweck des Grundstücks?

a) Von solchem Ausgangspunkt und bei dieser Einstellung ist die oft gestellte und von der Praxis der Energiewirtschaft in diesem Sinne mit Recht zurückgewiesene Vorfrage nach dem Wesen und der Existenz überhaupt eines sog. öffentlichen Eigentums unnötig, mindestens unwichtig, allermindestens keine Streitfrage.

Selbstverständlich ist zunächst das materielle, das materialistische, das rein stoffliche Verhältnis des Eigentümers zur Erd- und Steinmasse seiner Grundstücke immer dasselbe, gleichgültig, ob Eigentümer der Erdmassen ein Einzelner, eine Gemeinde, eine sonstige Körperschaft des öffentlichen Rechtes oder schließlich der Staat ist. Im stofflichen Sinne gibt es also selbstverständlich keinen Unterschied zwischen privatem und öffentlichem Eigentum.

b) Vielmehr kann und muß die Verschiedenheit des Grundeigentums nach seinen Zwecken bestimmt werden.

Wenn ein Einzelner sich einen Garten anlegt, dann dient der Zweck dieser Anlage seinen und seiner Angehörigen persönlichen Bedürfnissen und Interessen. Wenn andere, insbesondere ohne Erlaubnis oder verbotswidrig, den Garten betreten, so ist dies eine Beeinträchtigung, eine Störung des Eigentums an diesem Grundstück.

Wenn dagegen der Staat oder eine Gemeinde eine öffentliche Straße oder einen öffentlichen Platz anlegt, dann ist der Zweck dieser Anlage, der Allgemeinheit zu dienen. Wenn also diese Straße ihrer Bestimmung gemäß benutzt wird, dann stellt dies nicht nur keine Beeinträchtigung des Eigentums, sondern vielmehr seine Zweckerfüllung dar.

Öffentliche Sachen sind also solche Sachen, deren Zweck im Besitze eines Trägers öffentlicher Verwaltung es ist, der Öffentlichkeit in bestimmter Weise zu dienen.

Wenn also z. B. das Reichsgericht[47] davon spricht bzw. sprach, daß „das Straßeneigentum durch die Bestimmung der Straßen und Plätze dem Gemeingebrauch zum Gehen, Fahren, Reiten und Fortbewegen von Sachen zu dienen, beschränkt werde", so entspricht dies nicht nur einer unsozialistischen und unsozialen Rechts- und Weltanschauung, sondern ist auch rein sachlich betrachtet unrichtig, gerade, wenn man den Begriff und den Sinn eines Zweckes, einer „Bestimmung" der Grundstücke anerkennt und verwendet[48].

Ebenso unrichtig wäre die Ansicht, das äußerliche „Zurücktreten" des Eigentumsrechtes am öffentlichen Wege beruhe darauf, daß der Eigentümer praktisch in der Ausübung „seines" Rechtes wesentlich eingeschränkt werde.

Demselben Rechts- und Anschauungsirrtum entsprang der Satz, das Eigentum an der öffentlichen Straße sei mehr „zurückgedrängt" als es bei dem sog. „freien Eigentum" der Fall sei, und der Straßeneigentümer müsse erst die Ausübung des öffentlichen Gebrauchs dulden, ehe er sich auf die allgemeinen Rechtsgrundsätze über Inhalt und Umfang seines Eigentums „berufen" könne[49].

---

[47] „Entscheidungen in Zivilsachen", bereits Bd. 42, S. 208.

[48] Diese irrige Rechtsbetrachtung geht zunächst zurück, wird mindestens immer gestützt auf Gerhard Lassar und sein im Jahre 1919 erschienenes Buch: „Grundbegriffe des preußischen Wegerechts", das letzten Endes auch in den dem Staate anvertrauten öffentlichen Sachen keinen Gegenstand zur Pflichterfüllung gegenüber der Allgemeinheit, sondern eine Ware erblickt.

[49] Eine Rechtsanschauung wie die von Lassar (S. 73) vertretene: aus einer tatsächlich bestehenden Vereinigung von Eigentumsrecht und Wegebaupflicht in einer Person ergäben sich keine rechtlichen Folgen, das Eigentum sei ein Privatrecht, die Wegebaupflicht eine öffentlichrechtliche Verbindlichkeit; Recht und Pflicht seien nicht verschiedene Seiten ein und desselben Rechtsverhältnisses, da sie ganz verschiedenen Rechtskreisen angehörten — eine solche Rechtsanschauung wird sich daher dem Sinne eines Gemeinschaftsrechtes im allgemeinen und dem Sinne dessen, was zu einem besonderen Rechtsreich der Technik in Anmerkung 118 dieser Darstellung kurz erwähnt und im Buche des Verfassers „Verwaltungsrecht technischer Betriebe" im einzelnen ausgeführt ist, niemals erschließen, auch nur nähern können.

Unzutreffend wäre ferner der Gedankengang, daß es keinen „Rechtssatz" gebe, der für den Unterhaltspflichtigen eines öffentlichen Weges „irgendwelche Rechte" am Wege begründen könnte. Nur der Eigentümer habe sie „kraft seines privaten Eigentumsrechtes", die Wegepolizeibehörde habe Befugnisse „kraft besonderer gesetzlicher (?) Bestimmung". Wo aber, was den „Regelfall" darstelle, Eigentümer und Unterhaltspflichtiger in einer Person vereinigt seien, habe der Unterhaltspflichtige die Rechte am Wege „nicht auf Grund seiner öffentlichen Unterhaltungspflicht, sondern auf Grund seines (privaten?) Eigentumsrechtes".

Man hat in solchen und ähnlichen, der deutschen Energiewirtschaft keineswegs nützlichen Gedankengängen zusammengehörige, ja identische Begriffe künstlich getrennt, um die nicht nur logisch naheliegenden, sondern nach lebendem, allerdings einer „besonderen gesetzlichen Bestimmung" entbehrenden deutschen Verwaltungsrecht möglichen Rechtsinstitute, insbesondere dasjenige der Konzession, der deutschen Energiewirtschaft vorzuenthalten.

Man hat die sog. Wegepolizei von den Personen des Wegeeigentümers und des Wegeunterhaltspflichtigen getrennt, der ersteren „lediglich amtliche Befugnisse und Aufgaben" zugesprochen, dem Eigentümer als „Beeinträchtigung" und „Störung" seines „Privateigentums" die Duldung des „Straßenverkehrs" und dem Unterhaltspflichtigen die Sorge für Bau und Unterhaltung der Straße auferlegt; ausdrücklich schließlich der „Polizei" immer wieder „Rechte am Wege" abgesprochen.

Man hat schließlich für den Tatbestand der Benutzung eines öffentlichen Weges zu Fernleitungen der Energieversorgungsunternehmungen die Behauptung aufgestellt, es könne jeder der am Wege Beteiligten „selbständig und aus verschiedenem Rechtsgrunde" sich gegen den „Eingriff" zur Wehr setzen, die Wegepolizei aus sicherheitspolizeilichen Gründen, also auf Grund öffentlichrechtlicher „Befugnis", der Eigentümer mit der privatrechtlichen Eigentumsfreiheitsklage; dagegen würden sich die Ansprüche des Unterhaltspflichtigen auf privatrechtlichen Ersatz seiner Aufwendungen beschränken.

Den Höhepunkt dieser verwaltungsrechtsfremden und energiewirtschaftsfeindlichen Irrlehre aber bildete der Satz:

Die Anlegung eines öffentlichen Weges bedeute einen Eingriff in das Eigentum. Ein solcher Eingriff sei zulässig einmal im Wege der Enteignung; im übrigen seien obrigkeitliche Eingriffe nur bei „gesetzlicher“ Zulassung gestattet. Eine solche Ermächtigung liege aber bei der Anlegung öffentlicher Wege nicht vor. Deshalb brauche sich der Eigentümer diesen Eingriff nicht gefallen zu lassen, er könne ihn aber gestatten[50].

c) Selbstverständlich schließt der Begriff und die Tatsache des öffentlichen Weges usw. keineswegs die Möglichkeit aus, daß an diesen öffentlichen Sachen private Rechte begründet werden. So kann bestellt werden und wird bestellt z. B. an grasbewachsenen Hängen öffentlicher Straßen oder auf öffentlichen Rasenplätzen selbst ein dingliches oder obligatorisches Recht, das Gras zu mähen und zu ernten.

d) Die folgende Skizze[51] gliedert die Wege nicht nach den Eigentümern, sondern nach den Zwecken:

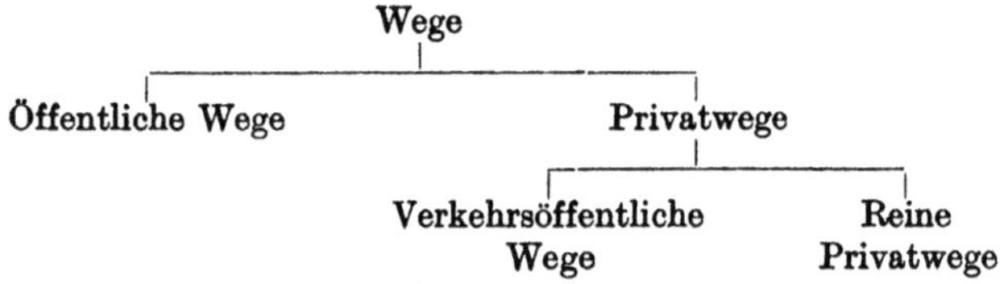

Öffentliche Wege sind demgemäß solche, die von einem zuständigen Organ der öffentlichen Verwaltung der Öffentlichkeit, d. h. dem Gemeinnutz, gewidmet sind. Dieser Gemeinnutz wird nicht nur zweckbestimmt, er kann auch eingeschränkt sein. Wenn also Radfahrwege errichtet und eröffnet werden, dann verliert ein solcher die Eigenschaft der Öffentlichkeit und der Gemeinnützigkeit nicht dadurch, daß er nicht von „jedermann“ überhaupt, sondern „nur“ von „jedermann“ benutzt werden kann bzw. muß, der eben Radfahrer ist.

Solche öffentlichen Wege können ebensogut im Eigentum der widmenden öffentlichen Verwaltung wie eines Privateigentümers stehen, von dem die Verwaltung die nötige Fläche, den notwendigen Grundkörper, sich mit privatrechtlichen Mitteln,

[50] Wiederum nach Lassar (insbesondere S. 76).

[51] Erstmalig wiedergegeben und erläutert in der Abhandlung „Gemischtes Recht im Telegraphenwege-Gesetz?“ in „Verkehrsrechtliche Rundschau“, 1937, Heft 8, S. 297ff. und folgende Hefte.

insbesondere durch Vertrag, für Zeit verschafft hat, um nicht das Eigentum, sondern den Besitz daran zu erwerben.

Im Gegensatz zu diesen öffentlichen Wegen stehen die Privatwege, die wiederum hinsichtlich der Person des Eigentümers verschieden sein können, obwohl Wege, deren Wegekörper im Eigentum einer öffentlichen Korporation stehen, die aber nicht der Öffentlichkeit übergeben sind, selten vorkommen.

Im täglichen Leben aber begegnen wir häufig dem entgegengesetzten Fall:

Ein Privateigentümer duldet, daß am Rande des ihm gehörigen Grundstücks, etwa eines Waldes, einer Wiese oder eines Bauplatzes das Publikum sich einen Abschneideweg von einer öffentlichen Straße zur anderen bahnt. Der Privateigentümer duldet dann, wie gesagt, das, was eigentlich eine Eigentumsstörung bedeutet.

Denn: Zweck dieser Wiese z. B. ist keineswegs, sie dem Publikum als Tummelplatz zur Verfügung zu stellen; sie hat vielmehr ausschließlich und allein demjenigen — im Rahmen des erlaubten Eigennutzes — zu dienen, dem (privatrechtliches) Eigentum daran zusteht.

So bleibt ein solcher dem Publikum durch Entgegenkommen des Eigentümers zum Begehen auf jederzeitigen Widerruf offener Wegkörper Privatweg; denn der Privateigentümer kann und vermag nicht zu „widmen", sondern nur etwas zu erlauben, was ohne solche Erlaubnis Eigentums- und Besitzstörung wäre[52, 53].

Gerade hierdurch erhellt so recht der Charakter des wirklichen öffentlichen Weges!

Wenn nämlich eine öffentliche Korporation einen Weg widmet, dann ist Begehen und Befahren desselben keine Eigentumsbeschränkung, sondern Zweckerfüllung!

---

[52] An solchen verkehrsöffentlichen (Privat-) Wegen besteht naturgemäß keine Wegepolizei, wohl aber kann (und muß gegebenenfalls) sich die eigentliche Verkehrspolizei für das interessieren, was sich verkehrsmäßig auf dem Wege abspielt.

Reine Privatwege sind dann schließlich solche, die ihren eigentlichen Zweck unbeeinträchtigt erfüllen, nämlich dem berechtigten ausschließlichen Gebrauche des Eigentümers zu dienen.

[53] Über die Zweckbestimmung des Weges als entscheidenden Betrachtungspunkt vgl. auch Ulrich Scheuner in „Reichsverwaltungsblatt", 1937, Nr. 37, S. 729ff.

4. Gemeingebrauch ist eines der drei Gebrauchsrechte an öffentlichen Sachen: Gemeingebrauch, Gebrauchserlaubnis, Verleihung[54].

a) Längst bevor § 1 Abs. 1 der Reichsstraßenverkehrsordnung vom 28. Mai 1934 bestimmte: „Zum Verkehr auf öffentlichen Straßen (Wegen, Plätzen) ist jedermann zugelassen, soweit nicht für die Zulassung zu einzelnen Verkehrsarten eine Erlaubnis vorgeschrieben ist", gab es im deutschen Verwaltungsrecht und im Leben des deutschen Alltags als wohl gebräuchlichstes Rechtsinstitut den Gemeingebrauch[55].

b) Der Gemeingebrauch als solcher ist keineswegs auf den Verkehr im eigentlichen Sinne beschränkt.

Der Inhalt des Gemeingebrauchs ergibt sich vielmehr wiederum jeweils aus dem Zweck der zu benutzenden Sache, für welchen sie natürlicherweise oder kraft besonderer Bestimmung zur Benutzung steht.

Der Zweck wird also erkennbar entweder durch die äußerliche

---

[54] Über den Begriff der „Verleihung" besteht mitunter (nicht unerwünschter) Streit dann, wenn man sich (bewußt oder unbewußt) nicht einig darüber ist, welcher der verschiedenen Tatbestände, die man mit diesem Begriffe (berechtigt oder unberechtigt) belegt, jeweils zur Diskussion steht. Auf dem Gebiete des öffentlichen Sachenrechtes versteht man unter „Verleihung" (Konzession) selbstverständlich weder eine Apotheken-, noch eine Gewerbe-„Konzession", noch aber auch die Verleihung eines öffentlichen Unternehmens (z. B. Eisenbahnkonzession), sondern die — weiter unten zu behandelnde — Verleihung besonderer Nutzungen (Sondernutzungsrecht, Sondererlaubnis) an einer öffentlichen Sache.

[55] Diese Tatsache kann gar nicht genug betont werden gegenüber einer formalen Anschauung, daß auch im öffentlichen Recht nur gesetzlich anerkannte Rechtsinstitute zu existieren vermöchten.

Wer allerdings das Wesen des Gemeingebrauchs aus § 903 BGB. zu erklären versucht und argumentiert:

1. Der Eigentümer kann andere von jeder Einwirkung auf sein Eigentum ausschließen;

2. er braucht dies aber nicht zu tun und kann bestimmten Einzelnen Einwirkungen gestatten;

3. wenn er „den allgemeinen Verkehr" gestattet, duldet er Gemeingebrauch —

wird nicht nur den Steuerzettel als Vertragsgegenstand, sondern auch die über einen Mörder verhängte Todesstrafe als „Vertragserfüllung" bezeichnen, indem nämlich der Verbrecher durch den Mord ein „Angebot" auf Grund des betreffenden Paragraphen des Strafgesetzes mache und die öffentliche Gewalt durch die Bestrafung solch Angebot annehme.

Beschaffenheit, in der die Sache erscheint und unterhalten wird, oder durch ausdrückliche Erklärungen der öffentlichen Gewalt.

Den weitaus wichtigsten Gegenstand bilden die öffentlichen Wege.

c) Entscheidend für die Eigenschaft einer öffentlichen Sache ist der die Zweckbestimmung kundgebende Willensakt der Verwaltung, durch welchen die in ihrem Eigentum oder Besitz stehende Sache in den Dienst des öffentlichen Zweckes gestellt wird.

Das deutsche Verwaltungsrecht nennt diesen, mitunter feierlich, mitunter schlicht sich abspielenden Vorgang: Widmung oder Indienststellung.

Diese die öffentliche Benutzung der Sache zu einem bestimmten Zweck erstmalig ermöglichende Handlung „verwandelt“ eine Sache in eine öffentliche Sache, Eigentum gegebenenfalls in öffentliches Eigentum[56].

Man darf sich aber — um dies immer wieder zu betonen — den Vorgang (wenn auch vielleicht „nur“ den gedanklichen, psychologischen Vorgang) nicht etwa so vorstellen, als müßten — etwa bei einer Widmung einer neu erstellten Reichsautobahnstrecke — die Eigentümer des Straßengeländes die „Störung“ ihres „Privateigentums“ durch die zweckbestimmte Benutzung der eigens zu diesem Zwecke mit außerordentlichen Aufwendungen an Arbeit und Kapital erbauten Straße schwersten Herzens erstmalig „dulden“, um nie wieder „ihres“ für immer „beeinträchtigten“, ja völlig „zurückgedrängten“ Eigentums froh werden zu können!

Vielmehr werden die Eigentümer, die dieses Eigentum vielleicht erst neuestens und nur für diesen öffentlichen Zweck erworben haben, gerade jetzt erst „ihres“ Eigentums froh, nachdem es seiner eigentlichen (und hier sogar einzigen) Zweckbestimmung übergeben, nachdem es ihr „gewidmet“ ist.

d) Nun erschöpft sich aber die Zweckbestimmung einer öffentlichen Sache, ja nicht einmal der Gemeingebrauch dadurch,

---

[56] Auch hier sei als Beispiel der neuesten Zeit ein Vorgang in die Erinnerung zurückgerufen, dessen die Tageszeitungen mit Bild und folgender Unterschrift seinerzeit gedachten:

„Dieses Zielband am Kilometerstein 0,0 wird der Führer mit seinem Kraftwagen zerreißen und damit die Strecke Frankfurt bis Darmstadt der Reichsautobahn dem öffentlichen Verkehr freigeben.“

daß ausschließlich etwa „dem Verkehre“ im eigentlichen Sinne, also etwa dem „Straßenverkehr“ gedient werden müsse und gedient zu werden brauche.

Außerdem bestehen und bestanden überhaupt keine allgemeinen und feststehenden Normen darüber, was unter den Gemeingebrauch zu rechnen ist. Das Befahren einer öffentlichen Straße mit der Geschwindigkeit eines heutigen Kraftwagens wohl noch im Jahre 1900 wäre damals zweifellos eine über „den“ Gemeingebrauch (nämlich nach den Rechtsanschauungen, der Verkehrsüblichkeit und dem Stande der Technik eben des Jahres 1900!) hinausgehende, also störende und demgemäß unerlaubte Straßenbenutzung gewesen.

Ganz losgelöst vom Begriff des allgemeinen Verkehrs erweist sich der Gemeingebrauch an Straßen in den mancherlei Vorteilen, die er durch die Straßen den angrenzenden Grundstücken gewähren läßt, vor allem den bebauten innerhalb der Städte und Ortschaften[57].

---

[57] Der Zugang zum Hause wird von der Straße her genommen, Türen und Tore sind nach dieser hin angebracht; es bezieht von dort Licht und Luft und öffnet dahin seine Fenster; sein Wasserablauf wird dahin gerichtet. Alles ohne besonderen Rechtstitel, schlechthin auf Grund des Rechts des Gemeingebrauchs, dem die öffentliche Sache dient. Das Preußische Oberverwaltungsgericht hat (1897, Entscheidungen 32, S. 213) diesen Zustand zu dem Grundsatz formuliert: „Die Benutzung eines öffentlichen Weges durch die Anlieger beruht der Regel nach auf keinem anderen und weitergehenden Rechtsgrunde als die Benutzung der öffentlichen Wege durch jedermann, der an solcher Benutzung ein Interesse hat.“

Sodann wird, um die begonnenen Beispiele weiterzuführen, der zur Straße gehörige Luftraum vom Wohngebäude aus mit allerlei Vorkehrungen in Anspruch genommen: Blumenbretter, Fahnen, Vogelkäfige werden über ihr angebracht, Fensterläden, Stellvorhänge spielen darüber her — alles in diesen Beispielen unerlaubt gegenüber einem Privatgrundstück, befugter Gemeingebrauch gegenüber der Straße.

Der Straßenboden selbst vor dem Hausgrundstück wird in einer Weise in Anspruch genommen, die mit dem eigentlichen Straßenverkehr im Sinne von Bewegung nur noch teilweise und wenig zu tun hat. Aus haltenden Wagen wird Holz und Kohlen abgeladen, ersteres vielleicht kleingemacht, letztere zum Kellerloch eingeschaufelt. Das kann sogar verkehrsstörend wirken, wenn es auch straßen- und gemeingebrauchsmäßig erlaubt ist; dann schreitet gegebenenfalls die eigentliche Verkehrspolizei ein.

Gerade für diese Benutzungen des Raumes auf der Straße vor den Häusern läßt sich gar keine allgemeingültige Regel aufstellen. Hier ist alles „örtlich-sittlich“ und soweit „Recht“. Je kleiner, je „altmodischer“

e) Ist ein Grundstück durch Widmung zu einer öffentlichen Sache, z. B. zum öffentlichen Weg oder Platz erklärt, dann nehmen an dieser „Öffentlichkeit", an dieser öffentlichrechtlichen Sacheigenschaft, selbstverständlich auch der Raum unter und über der Erdoberfläche teil, und zwar nicht nur soweit die Zwecke des Gemeingebrauchs reichen. Ebenso selbstverständlich kann aber der öffentlichrechtliche Herr oder Verwalter dieses öffentlichen Grundstücks für Rechtsverhältnisse unter oder über der dem Gemeingebrauch dienenden Grundfläche Rechtsinstitute des Privatrechts wählen. Er wird — und darf dies pflichtgemäß — aber nur dann tun, wenn die Zweckerfüllung der öffentlichen Sache hierdurch nicht gestört wird.

Wie weit die öffentliche Zweckerfüllung reicht, bestimmt aber hoheitlich der öffentlichrechtliche Herr oder Verwalter der öffentlichen Sache.

f) Der Einzelne, dem der Gemeingebrauch in seinen mannigfachen Möglichkeiten zugute kommt, hat aber keinen „Anspruch" etwa gegen den Herrn oder Verwalter des öffentlichen Weges.

---

die Ortschaft ist, desto stärker wirken Anschauungen aus der ursprünglichen gemeinrechtlichen Allmendzeit noch nach. Ein großer Teil des Lebens der Bevölkerung spielt sich auf der Straße ab. Man läßt allerlei Geräte, Karren und Fässer da herumstehen, stellt sich des Abends Bänke vors Haus, um Luft zu schnappen, der Handwerksbetrieb findet teilweise auf der Straße statt, wie nicht minder die Kindererziehung. Und das alles, ohne daß „Gewohnheitsrecht", Ersitzung oder ein sonstiger formeller Rechtstitel nachgewiesen zu werden brauchte — ohne aber auch, daß die Wegepolizei oder der Eigentümer einschreitet, der weiß, daß er hier nichts Unerlaubtes „duldet", sondern daß die Grenzen des Gemeingebrauches hier durch gemeine Anschauung, Übung, Herkommen, Gewohnheit der Allgemeinheit bestimmt sind.

Die neu angelegten Straßen sind weit strenger abgeschlossen gegenüber den Gewohnheiten des Privatlebens, sie dienen immer ausschließlicher nur dem wirklichen Verkehr und dem, was einigermaßen damit zusammenhängt (Tanken, Parken, aber nicht Garagieren). Innerhalb ein und derselben Stadt zeigt der Gemeingebrauch Verschiedenheiten, je nachdem man die Altstadt betrachtet oder die Neustadt. Denn wenn irgendwo, so fehlt im Verwaltungsrecht und in dem durch dieses geordneten Leben jede Paragraphendiktatur; hier herrscht die oft verkannte „Willkür", d. h. pflichtgemäße, lebendige, angepaßte Ordnung dessen, was zum Besten der Allgemeinheit dienlich und möglich ist.

(Die vorgenannten Beispiele sind mit wenigen Ausnahmen der Darstellung des Gemeingebrauches bei Otto Mayer, Deutsches Verwaltungsrecht, 2. Aufl., Bd. 2, S. 137ff. entnommen.)

Dieser tut vielmehr kraft eigener Pflichterfüllung das, was der Allgemeinheit und damit dem Einzelnen frommt. Denn im Reiche des Gemeinrechts, des Gemeinschaftsrechts, gibt es nicht Rechte gegeneinander, sondern nebeneinander und miteinander[58].

g) So wie der Einzelne nun keinen Anspruch auf Teilnahme am Gemeingebrauch hat, sondern ihn der natürlichen oder gesetzten Ordnung gemäß ausübt, ohne dazu besonders zugelassen zu werden (der allgemeinen Zulassung diente ja seinerzeit die Widmung), so hat der Einzelne erst recht keinen Anspruch auf Benutzung öffentlicher Sachen, die über den Gemeingebrauch hinausgeht.

Wohl aber bietet das geltende, das „gewillkürte“ ungesetzte deutsche Verwaltungsrecht längst bestehende und erprobte Möglichkeiten der Sondernutzung an öffentlichen Sachen, ohne daß erst eine Änderung des bestehenden Rechtszustandes notwendig wäre.

5. a) Selbstverständlich liegen Rohrleitungen, Kabel, Kanäle und Schienen, gar bauliche Anlagen der Energiewirtschaft grundsätzlich außerhalb der durch den Gemeingebrauch gebotenen Möglichkeiten und gezogenen Grenzen.

Diese Anlagen beanspruchen öffentliche Sachen, auch wenn letztere dem Gemeingebrauch gewidmet sind, in einer über jeden üblichen und denkbaren Gemeingebrauch hinausreichenden besonderen Weise und zu besonderen Zwecken.

Der Zweck dieser Benutzung wird nicht vom Herren oder Verwalter der öffentlichen Sache zugunsten der Allgemeinheit verfügt, sondern er soll von einem Einzelnen in dessen Sonderinteresse getroffen werden.

b) Selbstverständlich gehören eigene Anlagen des Herren der dem Gemeingebrauch gewidmeten Straßen und Plätze gegebenenfalls, nämlich dann, wenn auch sie dem Gemeingebrauch dienen, zum Gegenstand des Gemeingebrauches. Aber auch dann, wenn eine Straßenverwaltung z. B. Verträge mit Energieversorgungsunternehmungen schließt über Errichtung und Beleuchtung der dem Gemeingebrauch gewidmeten Straßen, sind

[58] Über das Rechtsinstitut des Gemeingebrauchs vgl. auch: „Gemeingebrauch und Gebrauchserlaubnis im neuzeitlichen Straßenrecht“, in „Die Straße“, 1934, Heft 7, S. 210ff. — „Die Laternengarage“, in „Baupolizeiliche Mitteilungen“, 1937, Heft 10, S. 114ff.

diese Beleuchtungsanlagen öffentliche, dem Gemeingebrauch unterworfene Sachen, an denen der Wegeherr vielleicht nicht das Eigentum, aber den Besitz hat.

c) Die eigentlichen Fernleitungen der Energieversorgungsunternehmen aber fallen nicht unter den Gemeingebrauch am öffentlichen Wege, weil sie diesem nicht vom zuständigen Verwaltungsträger gewidmet und demgemäß keine öffentlichen Sachen geworden sind.

d) Die Inanspruchnahme öffentlichen Eigentums durch diese Leitungen und Anlagen der Energieversorgungsunternehmungen setzt daher einen besonderen öffentlichrechtlichen Verwaltungsakt voraus, der nunmehr im Rahmen der folgenden Darstellung diagnostiziert und erläutert werden wird.

Dort wird sich zeigen, daß pflichtgemäße Betätigung verwaltungsrechtlicher „Willkür" dann stets zu einer Verleihung solcher Inanspruchnahme führen wird und führen muß, wenn nicht ein im Zwecke vorgehender feststehender Gemeingebrauch beeinträchtigt wird.

Immerhin erscheint es im Sinne und Zuge einer Verwaltungsrechtsordnung des neuen Staates zu liegen, daß ein besonderes Gesetz zugunsten öffentlicher Versorgungsleitungen die Verwaltungsbehörden zur Erteilung dieser Konzession verpflichtet, wie dies bereits vor vielen Jahren zugunsten der Telegraphenverwaltung sogar durch Statuierung einer besonderen „Befugnis" (weil es sich um staatliche Verwaltung handelt) in § 1 des Telegraphenwege-Gesetzes geschehen ist[59].

II. 1. Das Energiewirtschaftsgesetz selbst gestattet die Anwendung des schärfsten öffentlichsachenrechtlichen Rechtsinstitutes gegenüber fremdem Eigentum: die Enteignung.

§ 11. (1) Soweit für Zwecke der öffentlichen Energieversorgung die Entziehung oder die Beschränkung von Grundeigentum oder Rechten am Grundeigentum im Wege der Enteignung erforderlich wird, stellt der Reichswirtschaftsminister die Zulässigkeit der Enteignung fest.

(2) Für das Verfahren gelten die Landesgesetze mit der Maßgabe, daß die endgültige Entscheidung über die Zulässigkeit der Inanspruchnahme der Grundstücke zur Ausführung von Vor-

[59] Vgl. hierzu: „Gemischtes Recht im Telegraphenwege-Gesetz?" in „Verkehrsrechtliche Rundschau", 1937, Heft 8, S. 297ff. und folgende Hefte.

arbeiten und über die Art der Durchführung und den Umfang der Enteignung, soweit sie nicht in einem Verwaltungsstreitverfahren ergeht, der Reichswirtschaftsminister trifft.

(3) Nach Inkrafttreten eines Reichsenteignungsgesetzes gelten für das Verfahren die Vorschriften des Reichsenteignungsgesetzes; die Entscheidungen nach Abs. 1 und 2 trifft dann der nach dem Reichsenteignungsgesetz zuständige Reichsminister.

2. Gemäß dieser Bestimmung stellt der Reichswirtschaftsminister die Zulässigkeit der Enteignung für den Einzelfall fest[60].

In diesen wenigen Worten des Gesetzes sind zwei wichtige verwaltungsrechtliche Tatsachen enthalten:

a) Einmal die notwendige Voraussetzung, daß die Träger „der öffentlichen Energieversorgung" als solche grundsätzlich der Berechtigung zur Enteignung teilhaftig sind.

Das Enteignungsrecht ist den deutschen Energieversorgungsunternehmungen durch diese notwendige Voraussetzung des Gesetzes ein für allemal verliehen.

Es erübrigt sich demgemäß eine besondere „Verleihung" für den Einzelfall. Deshalb spricht auch das Gesetz ebenso klar wie eindeutig hier (d. h. für den Einzelfall; siehe auch das erste Wort des § 11: „soweit"!) nicht von einer „Verleihung" des Enteignungsrechtes durch den Reichswirtschaftsminister, sondern von einer Feststellung.

b) Die Enteignung als verwaltungsrechtliches und öffentlich-sachenrechtliches Rechtsinstitut bedeutet einen obrigkeitlichen Eingriff in Rechte an Grundstücken Privater, insbesondere in das Eigentum (daher Ent-Eignung!), um sie zu entziehen zugunsten eines öffentlichen Unternehmens.

§ 11 des Gesetzes enthält daher als zweite notwendige gesetzliche Voraussetzung die Anerkennung der der öffentlichen Energieversorgung dienenden Unternehmungen als öffentliche Unternehmen im Sinne des deutschen Verwaltungsrechts.

Ein öffentliches Unternehmen aber ist ein Stück öffentlicher Verwaltung.

Dieser Begriff hat im Laufe der verwaltungsrechtlichen, wirtschaftlichen und technischen Entwicklung einen weiten Sinn erhalten.

---

[60] Vgl. hierzu: „Enteignung nach Energiewirtschaftsgesetz", in „Reichsverwaltungsblatt", 1937, Nr. 37, S. 735ff.

Einmal bedeutet heute — wie gerade die Tatsache, der Inhalt und insbesondere § 2 Abs. 2 des Energiewirtschaftsgesetzes beweisen — „öffentliche Verwaltung“ nichts „Bürokratisches“, auch nicht unbedingt Staatliches oder Kommunales mehr; vielmehr vermag auch ein vom zuständigen Träger hoheitlicher Verwaltung beliehenes öffentliches Unternehmen, dessen Persönlichkeit auch auf einer Einzelperson oder einer juristischen Person des Privatrechts gegründet sein kann, ein öffentliches Unternehmen zu betreiben. Das hierbei in Frage kommende Rechtsinstitut der Verleihung eines öffentlichen Unternehmens ist, wie schon an anderer Stelle erwähnt, in umfangreichster Weise zur Wirksamkeit gelangt bei den Eisenbahnen.

Sodann — und das ist ein weiterer Schritt auf dem Wege moderner, aber folgerichtiger Rechtsentwicklung — ist öffentliche Verwaltung neben dem Staate und gewissermaßen an Stelle des Staates geführt worden von Unternehmungen, die teils von vornherein, teils im Laufe ihrer Tätigkeit, als Partner einerseits die Öffentlichkeit hatten, anderseits solche Kulturgüter pflegten und vermittelten, die zu den allgemeinen Kulturgütern des Lebens zählten.

Diese Unternehmungen finden in der Gesamtheit der deutschen Energiewirtschaft und in den diese bildenden einzelnen Unternehmungen ihre typische Repräsentation.

Ihnen das grundsätzliche Recht der Enteignung vorzuenthalten, hieße, sie im Dienste an der Öffentlichkeit behindern.

So hat das Energiewirtschaftsgesetz in seinen beiden dem Tatbestand des § 11 vorauszustellenden gesetzlichen Voraussetzungen ein bereits bestehendes Recht des einzelnen Energieversorgungsunternehmens zur Enteignung stillschweigend und — wie die vorausgehende Folgeuntersuchung bewies — doch ausdrücklich anerkannt.

3. Der Umfang der Enteignung richtet sich nach der mitunter fälschlich „Verleihungs“-Urkunde genannten Enteignungsurkunde[61].

Diese hatte z. B. in Preußen folgenden Wortlaut:

„Dem . . . wird hierdurch auf Grund des Gesetzes vom 11. Juni 1874 (GS., S. 221) das Recht verliehen (!), das zum . . . erforderliche Grundeigentum im Wege der Enteignung zu erwerben oder,

[61] Abgedruckt z. B. bei Müller (s. Fußnote 86), S. 77.

soweit dies ausreicht, mit einer dauernden Beschränkung zu belasten. Auf staatliche Grundstücke und staatliche Rechte an fremden Grundstücken findet dieses Recht keine Anwendung. (Dieser Satz fällt bei Beschränkung auf bestimmte Grundstücke fort.) Gleichzeitig wird auf Grund des § 1 des Gesetzes über ein vereinfachtes Enteignungsverfahren vom 26. Juli 1922 (GS., S. 211) bestimmt, daß die Vorschriften dieses Gesetzes bei der Ausübung des vorstehend verliehenen Enteignungsrechtes anzuwenden sind."

Diese Fassung ist insbesondere hinsichtlich der Begründung bzw. Feststellung des Enteignungsrechtes im Einzelfall mindestens insofern überholt, als nicht mehr das Landesrecht, sondern allein die reichsrechtliche Bestimmung des § 11 des Energiewirtschaftsgesetzes heute maßgeblich ist. Lediglich für das Verfahren gelten gemäß § 11 Abs. 2 noch die Landesgesetze, aber auch hier mit der ausdrücklichen Maßgabe, „daß die endgültige Entscheidung über die Zulässigkeit der Inanspruchnahme der Grundstücke zur Ausführung von Vorarbeiten und über die Art der Durchführung und den Umfang der Enteignung, soweit sie nicht in einem Verwaltungsstreitverfahren ergeht, der Reichswirtschaftsminister trifft".

4. Gemäß § 11 kann im Enteignungsfalle entweder die „Entziehung" von „Grundeigentum" oder von „Rechten am Grundeigentum" oder aber „Beschränkung" von Grundeigentum oder von Rechten am Grundeigentum „im Wege der Enteignung" vollzogen werden.

Hierbei kann z. B. eine Dienstbarkeit zugunsten des Versorgungsunternehmens an erster Stelle eingetragen werden, die dann nötigenfalls allen zur Benutzung des Grundstücks sonstwie Berechtigten im Range vorgeht.

Die eigentliche Entziehung von Grundeigentum wird bei dem heutigen Stande der Bautechnik insbesondere für eigentliche Leitungen nur noch seltener notwendig werden, in der Regel wird die im Wege der Enteignung durchgeführte Bestellung einer Dienstbarkeit an dem fraglichen Grundstück genügen.

5. Stören aber Benutzungsrechte Dritter am eigenen Grundstück des Energieversorgungsunternehmens, z. B. Pachtverträge, also obligatorische Grundstückbenutzungsrechte, so bestehen nicht nur auf Grund allgemeiner Erwägungen des Rechtes und

der Gerechtigkeit, sondern auch gegenüber der sehr allgemeinen Fassung des § 11 Abs. 1 keine Bedenken, auch solche obligatorischen Grundstücksbenutzungsrechte „im Wege der Enteignung“ zu beseitigen[62].

f) Erkennt man die Enteignung als verwaltungsrechtlichen Hoheitsakt und als Eingriff in Rechte an, dann können notwendigerweise nur privates Grundeigentum und private Rechte am Grundeigentum von ihr betroffen werden.

Eine „Enteignung“ gegen den Staat ist nicht nur ein sprachlicher und verwaltungswissenschaftlicher Schönheitsfehler, sondern auch ein Zustand, dem als eigentlich unwürdigem Zustand eine ordnungs- und pflichtgemäße Verwaltung auf andere Weise zu entgehen wissen wird.

Auch in dieser Beziehung könnte an eine gesetzliche Richtigstellung gedacht werden[63].

III. Neben dem seither geschilderten Rechtsinstitut der Enteignung steht der deutschen Energiewirtschaft aber und ihren einzelnen öffentlichen Unternehmen ein weiteres Rechtsinstitut zur Seite, das nicht nur im Alltagsleben des Verwaltungsrechtes wohl die häufigsten Anwendungsfälle findet, sondern dem jeder einzelne Volksgenosse ebenso tagtäglich begegnet wie dem Gemeingebrauch: der öffentlichrechtlichen Eigentumsbeschränkung.

1. Sie grenzt zunächst unmittelbar an die Tatbestände der Enteignung an, insofern auch hier stets Fälle vorliegen, in denen ein Zusammenstoß öffentlicher Verwaltung bzw. öffentlicher Unternehmungen mit dem Grundeigentum stattfindet, das, rechtlich betrachtet, im Wege steht; während es tatsächlich vielleicht nur unberücksichtigt zu bleiben braucht, ja vielleicht sogar nutzbringend für die Allgemeinheit ausgewertet zu werden vermag. Beispiele (unter 2.) werden dies alsbald erläutern.

a) Die privatrechtliche Eigentumsbeschränkung, wie sie insbesondere in den sog. Nachbarrechten der §§ 904 bis 924 BGB.

---

[62] Vgl. das früher über den Begriff der „Energieanlagen“ Ausgeführte.

[63] Über das Rechtsinstitut der Enteignung vgl. auch: „Zum Enteignungsrecht des Unternehmens Reichsautobahnen“ in „Verkehrsrechtliche Rundschau“, 1935, Heft 11, S. 555. — „Eigentum und Enteignung als wichtigste Rechtsinstitute des Sachenrechtes“ in „Baupolizeiliche Mitteilungen“, 1936, Heft 7, S. 80ff. — „Enteignung nach Energiewirtschaftsgesetz“ in „Reichsverwaltungsblatt“, 1937, Nr. 37, S. 735ff.

erscheint, hat zur Grundlage den natürlichen und, wenn auch nicht voll gemeinnützigen, so doch eben freundnachbarlichen Gedanken, daß im Zusammenleben der Menschen das Privateigentum selbst am meisten darunter litte, wenn jede Störung und Beeinträchtigung von seiten des Nachbarn durch Kampf mit Paragraphen um „das" Recht zurückgewiesen werden dürfte, denn „Nachbar" ist man ja selbst auch, und als solcher stört und beeinträchtigt man selbst wiederum einen anderen.

Bei der öffentlichrechtlichen Eigentumsbeschränkung stehen nun nicht zwei Privateigentümer gegenüber, von denen jeder seinen (erlaubt) eigennützigen Belangen und Zielen nachgeht, sondern ein Privateigentümer „stört" durch die Existenz seines Privateigentums die öffentliche Gewalt bzw. ein öffentliches Unternehmen und muß deshalb zur Erfüllung der öffentlichen Zwecke, also im Interesse des gemeinen Nutzens sich hinsichtlich der störenden Seite seines Privateigentums so verhalten, damit bzw. als ob dieses das öffentliche pflichtgemäße Tun nicht störe, d. h. er muß seinerseits Einwirkungen der öffentlichen Verwaltung auf sein Privateigentum dulden. Die „Heiligkeit" des Privateigentums darf nicht zur Störung der öffentlichen Tätigkeit führen.

b) Dieser Rechtssatz der Vernunft bedarf an sich keiner gesetzlichen „Verankerung".

Vom liberalistischen Standpunkt irregeleiteten „Bürger"-Sinnes aber (der im sog. Polizeistaat mitunter doch seine Berechtigung gehabt haben mochte) verlangten (und verlangen auch heute noch) dessen Rechtsvertreter „zu ihrem Schutze" mindestens gesetzliche Festlegung des Maßes dessen, was zum besten des Gemeinnutzes (mit dem sich allerdings früher nicht immer die sog. Staats- bzw. „Polizei"-Interessen deckten) ertragen werden muß.

So findet man in der Tat Notwendigkeiten öffentlicher Verwaltung einerseits und Duldungspflichten der Volksgenossen anderseits gesetzlich festgelegt.

Im Sinne einer vernunftgemäßen Rechtsbetrachtung sowie bei Kenntnis des öffentlichen Rechtes, insbesondere des Verwaltungsrechtes, seiner Zwecke und seiner Aufgaben aber ist für die Festsetzung des vom Tatbestand des Einzelfalles jeweils verschiedenen Umfanges der Duldungspflicht nicht das feierliche und in gewissem Sinne schwerfällige und starre Gesetz berufen, sondern die der jeweiligen Anschauung und dem jeweiligen Kulturstande entsprechende bewegliche Verwaltung mit ihrer pflichtgemäßen, auf Gemeinnutz ausgerichteten „Willkür", also die Behörden und sonstigen verantwortlichen Leiter öffentlicher Unternehmungen im Sinne des deutschen Verwaltungsrechtes.

c) Stellt man weiter wiederum die Rechtsinstitute der Enteignung und der öffentlichrechtlichen Eigentumsbeschränkung nebeneinander, dann wird man sofort erkennen, daß es zwar möglich war, z. B. im preußischen Enteignungsgesetz, daß es möglich sein wird, in einem Reichsenteignungsgesetz planmäßig den hier in Frage kommenden Stoff in gesetzliche Form zu bringen.

Wohl hat die Rechtswissenschaft, nämlich die Verwaltungsrechtswissenschaft, aus der Beobachtung des den Einzeltatbeständen der öffentlichrechtlichen Eigentumsbeschränkungen gemeinsamen Rechtsgedankens das Rechtsinstitut der öffentlichrechtlichen Eigentumsbeschränkung entwickelt, der Gesetzgeber war aber seither nicht in der Lage und wird nie die Möglichkeit besitzen, diesem Rechtsinstitut als solchem ein eigenes Gesetz zu widmen.

Vielmehr kann hier nur ein zerstreutes gesetzgeberisches Vorgehen festgestellt werden, und zwar nicht etwa nach Ländern, sondern jeweils für einzelne ganz bestimmte Sachtatbestände, die — auf Grund besonderer Forderungen der früheren Verwaltungen oder der betreuten Bürger, zum Teil auch auf Grund wirklicher Bedürfnisse — hinsichtlich ihrer Voraussetzungen und ihrer Folgen in die Form eines Gesetzes gefaßt wurden.

Das Wesen solcher Gesetze ist aber nicht rechtschöpfend, sondern feststellend; ja diese Gesetze enthalten nicht selten eine (freiwillige) Beschränkung bestimmter, zu öffentlichrechtlichen Eigentumsbeschränkungen berechtigter bzw. verpflichteter Verwaltungen gegenüber den an sich bestehenden weitergehenden Möglichkeiten[64].

---

[64] In diesem Sinne sei vor allem nochmals auf das Telegraphenwege-Gesetz vom 18. Dezember 1899 verwiesen, das sowohl die Befugnisse der Verwaltung wie die Rechtslage der betroffenen Eigentümer genau ordnet und — gegenüber dem allgemeinen Verwaltungsrecht — einschränkt. (Vgl. „Gemischtes Recht im Telegraphenwege-Gesetz?", in „Verkehrsrechtliche Rundschau", 1937, Heft 8, S. 297ff. und folgende Hefte.)

Ferner sei § 9 Abs. 4 des (mehrfach neugefaßten) Sächsischen Baugesetzes vom 1. Juli 1900 erwähnt, der dem Hauseigentümer die Verpflich-

So wird also „das einzelne Gesetz, das dazwischen auftaucht, nicht sowohl eine Schöpfung des Rechtsinstituts bedeuten oder eine Mitarbeit an dieser Schöpfung, als eine Bestätigung und Betätigung des ohnehin vorhandenen und wirkenden Rechtsgedankens, der nur vielleicht bei der Gelegenheit noch eine besondere Ausprägung bekommen mag“[65].

d) Die Tatbestände[66], in denen das Rechtsinstitut der öffentlichrechtlichen Eigentumsbeschränkung auch ohne Gesetz in mancherlei Brauch und Übung in Frage kommt und tagtäglich sich ereignen, grenzen sich durch sichere Erkennungszeichen ab:

Es muß vorliegen eine tatsächliche Einwirkung auf ein fremdes Privatgrundstück, die an sich eine Eigentumsverletzung wäre[67].

Die Einwirkung muß ausgehen von der öffentlichen Verwaltung, d. h. von einer Behörde oder einem Unternehmen, das öffentliche Verwaltung führt.

Weil diese Einwirkungen von der öffentlichen Verwaltung ausgehen und als pflichtgemäße Verwaltungshandlungen nicht unerlaubt und verboten, sondern im Interesse des Gemeinnutzes geboten sind, werden daran nicht die Rechtsfolgen, insbesondere

---

tung auferlegt, Eingriffe dann zu dulden, wenn bestimmte, im Gesetz näher bezeichnete öffentliche Interessen dies erfordern:

„Die Grundstückseigentümer und Erbbauberechtigten sind verpflichtet, an Gebäuden, Einfriedigungen und sonst an ihren Grundstücken die Anbringung von Vorrichtungen für die öffentliche Straßenbeleuchtung, von Haken und Rosetten für die Leitungsdrähte der Straßenbahnen sowie von Schildern und Nummern zu dulden, die zur Straßenbezeichnung, für Zwecke der Gas-, Elektrizitäts- und Wasserwerke, für die Entwässerung, das Feuerlöschwesen, die Verkehrsregelung und ähnliche Zwecke erforderlich sind. Soll die Anbringung nicht von einer Körperschaft des öffentlichen Rechtes erfolgen, bedarf es hierzu der Erlaubnis der Baupolizeibehörde. Etwa bei Anbringung oder künftig entstehender Schaden ist zu ersetzen. Die Höhe des Schadenersatzes bestimmt im Streitfalle die Baupolizeibehörde.“

Hierzu liegt eine bedeutsame Entscheidung des Sächsischen Oberverwaltungsgerichtes (Urteil vom 12. April 1935, Nr. 197 I 1934) vor, in dem die Frage, ob die Hauseigentümer einer Straße an ihren Häusern das Anbringen von Wandhaken für die Oberleitung der Straßenbahn und der Straßenbeleuchtung dulden müssen, bejaht wurde. (Vgl. „Baupolizeiliche Mitteilungen“, 1937, Heft 9, S. 101.)

[65] Otto Mayer (s. oben Fußnote 57 am Ende), S. 224.

[66] Auch hier wird Otto Mayer gefolgt. (S. 225.)

[67] Sie darf auch nicht gedeckt sein durch ein diesem bestimmten Grundstücke gegenüber erworbenes Recht, sonst würde es sich um eine Dienstbarkeit handeln.

nicht die privatrechtlichen Rechtsfolgen der Eigentumsverletzung geknüpft (keine Beseitigung der Störung, keine künftige Unterlassung, kein privatrechtlicher Schadenersatz)[68].

2. Im folgenden seien einige Beispiele gebracht, die fast alle Gegenstand eines Rechtsstreites geworden sind.

Sonst pflegen nämlich die Tatbestände unseres Rechtsinstitutes auch manchem Juristen unbekannt, weil unerkannt, zu bleiben, gerade weil sie ihrer Natur nach stets auf allgemeiner Anschauung beruhen und als etwas Selbstverständliches hingenommen werden, worüber man sich — mangels auffallenden „Rechtsgeschäftes" — keine Gedanken macht. Für die Wissenschaft liegt das an und für sich anders, und die Praxis wird durch die Gerichte auf diese Dinge aufmerksam gemacht.

So wird sich zeigen, daß privates Eigentum, auch wenn es durch Geräusch, Erschütterungen und sonstige sog. Immissionen gestört wird, die einwandfrei zu den nach den §§ 906 und 907 BGB. „verbotenen" gehören, gegen Betriebe und sonstige Einrichtungen öffentlicher Verwaltung wehrlos ist. Hierin liegt das eigentliche Geheimnis unseres Rechtsinstitutes.

a) Vom Eisenbahndamm fließt Regenwasser auf Privatgrundstücke; die Klage auf Herstellung geeigneter Verhütungsmaßnahmen wird abgewiesen: nur die öffentliche Verwaltung kann bestimmen, was zu geschehen habe.

b) Die Eisenbahnverwaltung schüttet nachträglich einen Damm auf zum Schaden des „Nachbarn"; die Besitzstörungsklage wird für unzulässig erklärt: die Anlage war im öffentlichen Interesse geboten.

c) In Militärwerkstätten ist ein Maschinenbetrieb eingerichtet, der für den „Nachbarn" Belästigungen und Übelstände mit sich bringen soll; die Klage auf Unterlassung ist auch hier unzulässig: ein Eingriff in diesen Betrieb würde sich richten „gegen die Ausübung staatlicher Hoheitsrechte".

d) Ein Hausbesitzer klagt gegen eine Kirchengemeinde auf Unterlassung „störenden Glockenläutens"; das Reichsgericht korrigiert das Urteil eines Oberlandesgerichts: „das Recht mit Glocken zu läuten ist den Kirchen zum Wohle des Gesamtstaates eingeräumt; zu Beschränkungen sind nur die zur Überwachung und Handhabung des öffentlichen Rechts bestellten Behörden berufen".

[68] Also keine Zuständigkeit der ordentlichen Gerichte.

e) „Die Militärschießplätze machen sich nicht bloß durch das Knallen der Flinten sehr empfindlich fühlbar, sondern dienen auch, den besten Schutzvorrichtungen zum Trotz, immer wieder dazu, die dahinterliegenden Grundstücke mit verirrten Kugeln zu beschicken und tatsächlich zu gewissen Zeiten unbenutzbar zu machen. Den ordentlichen Gerichten fällt es sehr schwer, dem Privateigentum hier keinen Schutz zu gewähren. Gleichwohl müssen sie sich bescheiden. Es handelt sich weder um eine bürgerliche Rechtsstreitigkeit noch um einen rechtswidrigen Eingriff[69]."

f) Zollaufsichtsbeamte verbergen sich auf einem Bauerngut, um vorüberkommenden Schmugglern aufzulauern: der Eigentümer darf sich nicht widersetzen.

g) Ein Fischereiaufseher läuft bei Verfolgung eines Fischdiebes über fremde Wiesen und bestellte Äcker: „Der Beamte ist, falls es sich um Erfüllung einer Amtspflicht handelt, berechtigt, auch ohne Erlaubnis des Eigentümers fremde Grundstücke zu betreten."

h) Die Feuerwehr dringt in befriedete Grundstücke ein, um einen Brand — wenn auch „nur" im Nachbarhause — zu löschen: Behinderung ist unzulässig[70,71].

---

[69] OTTO MAYER (s. Fußnote 57 am Ende), S. 231.

[70] OTTO MAYER (s. Fußnote 57 am Ende), S. 232, erinnert an Vorgänge in der Kommission zur Beratung des Enteignungsgesetzes (vom 11. Juni 1874) des Preußischen Abgeordnetenhauses. Hier war zu § 4 der Zusatz beantragt worden: „Zu Eingriffen in das Grundeigentum in Notfällen, namentlich bei einer Feuersbrunst oder Wassersnot oder einer Lebensgefahr, für die Dauer des Notfalles sind die Polizeibehörden befugt." Damit sollten „öffentliche Unternehmungen" im verwaltungsrechtlichen Sinne, wie z. B. eben die Feuerwehr, in der „Rechtswidrigkeit" ihrer Pflichterfüllung „gedeckt" werden. Die Regierung Preußens betrachtete aber derartige Eigentumsbeschränkungen als etwas so Selbstverständliches, Notwendiges und Pflichtgemäßes, daß sie die vorgeschlagene gesetzliche Ermächtigung zu öffentlichrechtlichen Eigentumsbeschränkungen ablehnte, weil man ihrer nicht erst bedürfe.

[71] Bei Behandlung der Beanspruchung privaten Grundeigentums durch Truppenübungen, wo alles „ohne Gesetz und doch rechtmäßigerweise" zugeht, zieht OTTO MAYER (S. 234) ebenfalls interessante parlamentarische Verhandlungen aus der Vergessenheit und schreibt: „Die Reichstagsverhandlungen zum Gesetz vom 13. Februar 1875 über die Friedensleistungen förderten sehr unklare Anschauungen zutage von diesem Anwendungsfalle unseres Rechtsinstituts und von seinem Verhältnis zum Gesetz. Der Ent-

i) Wenn das Gesetz über das Postwesen des Deutschen Reiches vom 28. Oktober 1871 in § 17 bestimmte:

„In besonderen Fällen, in denen die gewöhnlichen Postwege gar nicht oder schwer zu passieren sind, können die ordentlichen Posten, die Extraposten . . . sich der Neben- und Feldwege sowie der ungehegten Wiesen und Äcker bedienen, unbeschadet jedoch des Rechtes der Eigentümer auf Schadenersatz", so wird hier — wie früher erwähnt — kein neues Recht geschaffen, sondern eine allgemeine verwaltungsrechtliche Befugnis für einen Einzeltatbestand zur besonderen gesetzlichen Ermächtigung erhoben.

Nicht anders liegt es verwaltungsrechtlich bei den Telegraphen- und Telephondrähten, bei deren Stützpunkten, insbesondere den sog. Telephonkreuzen. Überall muß hier Privateigentum in Anspruch genommen werden. Allerdings ist einerseits dem Wissenschaftler, andererseits dem zivilistischen Zweifler jede dogmatische Sorge mindestens zunächst dadurch abgenommen, daß das Telegraphenwege-Gesetz hier ausdrückliche Ordnungen getroffen hat.

k) Wie die Militärschießplätze, so bieten auch die Truppenübungen außerhalb des militärischen Geländes, ja gerade hier ein bekanntes und ebenfalls als selbstverständlich hingenommenes Beispiel für die Wehrlosigkeit privaten Eigentums gegenüber gemeinnütziger Pflichterfüllung der Verwaltung.

l) Straßenschilder und Hausnummern, Postbriefkasten und Straßenlaternen „stören" als Gegenstände bzw. Mittel öffentlichrechtlicher Eigentumsbeschränkungen das Privateigentum zum Zwecke des gemeinen Nutzens. Ein behördlicherseits angebrachtes

wurf hatte ausdrücklich bestimmen wollen, daß Privatgrundstücke zu Truppenübungszwecken benutzt werden dürften. Die Kommission hat diese Bestimmung gestrichen und erklären lassen: man habe große Bedenken gehabt, „denn dies würde dann nichts weiter sein als die Konstituierung einer allgemeinen Servitut auf sämtlichen Privatgrundstücken des ganzen Reiches zugunsten der Militärbehörde". Man ließ es deshalb bei Bestimmungen über vorgängige Anzeige und Entschädigungsverfahren bewenden (§§ 11 und 16), war aber im übrigen einig, daß auch ohne Gesetz die Grundstücke nach wie vor zu Truppenübungen benutzt werden sollten... Jedenfalls wäre es nicht richtig, zu sagen, das Gesetz habe auf diese Weise das Recht der Truppenübungen stillschweigend begründet. Aber das ist richtig, daß der Reichstag bei dieser Gelegenheit Zeugnis abgelegt hat für eine allgemeine deutsche Rechtsanschauung, wonach das Grundeigentum wehrlos sei gegen Truppenübungen. Das genügt hier."

Schild „Bahnhofstraße" war vom Eigentümer des Grundstücks entfernt worden: er erhält den Befehl, es wieder anzubringen[72, 73].

m) In der neueren Rechtsprechung[74] hat sich auch der Leitungsdraht der elektrischen Straßenbahnen als zu duldende „Eigentumsstörung", d. h. nichts anderes denn als öffentlichrechtliche Eigentumsbeschränkung, durchgesetzt. Die an den Mauern privater Häuser angebrachten sog. Rosetten zeugen davon.

3. Das Sächsische Oberverwaltungsgericht hat am 8. November 1933[75] auf Grund unseres Rechtsinstitutes die nachfolgende Entscheidung treffen können:

„Für elektrische Leitungen über Grundstücken, die dem Eigentümer nur eine geringe Belästigung bringen, kann eine Enteignung und eine Entschädigung nicht verlangt werden, wenn es sich um eine Anlage im Allgemeininteresse handelt. Dem gesetzlichen Schutze des Grundeigentums entspricht die Treupflicht des Eigentümers der ganzen Volksgemeinschaft gegenüber, und diese Treupflicht verpflichtet ihn der Allgemeinheit gegenüber, geringfügige Belästigungen in deren Interesse ohne Ersatzanspruch zu tragen."

4. Erscheint die Diagnose der entwickelten Beispiele, insbesondere auch des letzteren, als Fälle des Rechtsinstitutes der öffentlichrechtlichen Eigentumsbeschränkung nunmehr feststehend, so soll dennoch, bzw. um die Diagnose noch zu erhärten, an frühere Rechtsversuche zur Erklärung des Tatbestandes kurz erinnert werden. Sie lassen sich entweder auf irrige Annahme privatrechtlicher Nachbarverhältnisse oder auf irrige Annahme einer „polizeilichen Verfügung" zurückführen; bei Unkenntnis unseres Rechtsinstitutes durchaus naheliegende und vernünftige

---

[72] Vgl. Entscheidung des Preußischen Oberverwaltungsgerichts 53, S. 255.

[73] Hinsichtlich der Anbringung elektrischer Lampen erinnert Otto Mayer (S. 235) an die alte Öllaterne. Diese „alte Öllaterne, die am Drahte über der Straße hing und mit Hilfe der Vorrichtung in einem häßlichen Kasten an der Hauswand täglich mehrmals herab- und hinaufgezogen wurde, um angezündet, gelöscht und gereinigt zu werden", mußte auch ertragen werden. Was Gas und Elektrizität nachher brachten, war eher eine Erleichterung.

[74] Vgl. 4, e.

[75] Zum Teil abgedruckt in „Baupolizeiliche Mitteilungen", 1936, Heft 10, S. 119/20.

Versuche, zu vergleichen etwa den Bemühungen eines gewissenhaften Arztes, dem die Merkmale etwa einer in seiner Studienzeit noch unerkannten bzw. seither verkannten Krankheit unbekannt geblieben waren, so daß er seine Diagnose auf eine der ihm fremden Krankheit ähnliche und ihm bekannte Erkrankung stellen wird.

a) Das Reichsgericht entschied einmal (1910): „Die gewöhnlich von einem ... Eisenbahnbetriebe ausgehenden Einwirkungen werden die benachbarten Grundeigentümer als unvermeidlich sich gefallen lassen müssen." Die Begründung dieses Urteils mit § 906 BGB. wäre rechtsirrig.

b) Das Badische Oberlandesgericht (1904) stellte fest: „Die Konzessionserteilung begründet für den Angrenzer Eigentumsbeschränkungen im öffentlichen Interesse." Nicht zutreffend wäre der Nachweis der Berechtigung auf Grund der nachbarrechtlichen Bestimmungen des BGB. oder auf Grund einer polizeilichen Verfügung.

c) Eine Straßenrinne wurde von der Gemeinde an die „klägerische" Mauer verlegt. Unnötig wäre sowohl die Annahme einer in der Verlegung enthaltenen polizeilichen Verfügung, wie das Verlangen nach einer Erklärung der Oberbehörde, daß die Anlage „polizeilich geboten ist".

d) Gelegentlich der Klage eines Berliner Hausbesitzers gegen die Hochbahn auf Unterlassung ihres übermäßigen Geräusches hat das Reichsgericht (1904) erkannt: „Die polizeiliche Genehmigung einer im Interesse des öffentlichen Verkehrs notwendigen oder zweckmäßigen Anlage hat die Bedeutung einer polizeilichen Verfügung."

e) Ein Eigentümer hatte eingewilligt, daß sog. Rosetten für die Straßenbahnleitung an seiner Hausmauer angebracht wurden, aber mit dem Vorbehalt der Kündigung. Er kündigt und klagt auf Beseitigung. Ein Polizeipräsidium verbietet diese vorläufig bis zur durchgeführten Enteignung und verfügt: „Wenngleich jetzt Kläger privatrechtlich den Anspruch auf Beseitigung haben mag, so hat doch das Privatrecht jetzt vor dem berechtigten polizeilichen Verlangen zurückzutreten."

f) Diese Annahme einer „polizeilichen Verfügung" hat das Reichsgericht bereits im Jahre 1882 zur Kenntnis und Anwendung gebracht, als es entschied: „In der Erteilung der Konzession zum Betriebe der Bahn liegt die allgemeine Anordnung der Staatsgewalt, daß sich die benachbarten Grundbesitzer diejenigen nachteiligen Einwirkungen auf ihre Grundstücke gefallen lassen müssen, ohne welche der Betrieb nicht ausführbar ist."

5. Gerade aus dem Tatbestand und dem Rechtsinstitut einer Konzession im Sinne der Verleihung eines öffentlichen Unternehmens, die man nicht zur polizeilichen Genehmigung einer privatgewerblichen Anlage (verwaltungsrechtlich gesehen) degradieren darf, zeigt sich die etwa notwendig werdende öffentlichrechtliche Eigentumsbeschränkung als Folge, weniger der Konzession selbst als des öffentlichen Unternehmens, das man konzessioniert hat.

Zudem ergeht eine solche Konzession doch nicht über — vielleicht unbekannte — Grundbesitzer, sondern allein über den sog. Konzessionär. Wenn dieser dann auf Grund der Konzession sein öffentliches Unternehmen ordnungs- und pflichtgemäß betreibt, dann können sich allerdings auch Folgen für Dritte ergeben, die sich dem Unternehmen störend entgegenstellen.

Öffentlichrechtliche Eigentumsbeschränkungen sind also grundsätzlich und — formlos wie der Gemeingebrauch — zulässig, wenn sie ausgehen von einem öffentlichen Unternehmen.

Daß zu diesem nicht nur hoheitliche Betriebe und beliehene öffentliche Unternehmer, sondern auch — „ohne Rücksicht auf Rechtsformen und Eigentumsverhältnisse" — alle Unternehmen und Betriebe der öffentlichen Energieversorgung gehören, dürfte jetzt nicht mehr zweifelhaft sein, wird aber in § 5 dieser Darstellung nochmals nachgewiesen werden.

6. Es fragt sich nun aber, ob § 11 des Energiewirtschaftsgesetzes nicht eine freiwillige gesetzliche Bescheidung der deutschen Energiewirtschaft enthält, wie wir sie z. B. im Telegraphenwege-Gesetz kennenlernten.

Diese Frage muß verneint werden, wenn auch § 11 besser eine in diesem Sinne deutlichere Fassung erfordert hätte. § 11 spricht aber eindeutig und einwandfrei von „Enteignung", allerdings in dem — heute eingebürgerten — weiteren Sinne, der mehr als die eigentliche und ursprüngliche Eigentumsentziehung umfaßt.

Die Fassung des § 11 in der gewählten Form war aber trotzdem notwendig, um auch obligatorische Rechte zurückweisen zu können, wie dies früher als dem Gesetz entsprechend festgestellt wurde.

7. Die Möglichkeit einer Entschädigung ist weder positiv noch ablehnend mit dem Begriff der öffentlichrechtlichen Eigentumsbeschränkung verbunden.

Wo das Gesetz sie ausdrücklich zuläßt, ist sie unbestreitbar; im übrigen wird — wie aus der oben gebrachten Entscheidung des Sächsischen Oberverwaltungsgerichtes, vor allem aber auch aus dem Sinn und den Absichten des Energiewirtschaftsgesetzes selbst hervorgeht, mindestens zwanglos entnommen werden kann — sie dann zugebilligt werden, wenn der entstandene Schaden nicht mehr zumutbar ist.

Denn die hier zu gewährende öffentlichrechtliche Entschädigung ist eine ausgleichende, insofern sie einen Schaden, den ein Einzelner im Interesse der Allgemeinheit unzumutbar im Vergleich zu anderen Volksgenossen erlitten hat, zu Lasten der Allgemeinheit ausgleicht.

8. Das ordentliche und natürliche Schutzmittel gegen eine schädigende öffentlichrechtliche Eigentumsbeschränkung ist die Vorstellung bei der zuständigen und die Beschwerde bei der höheren Behörde.

Der sog. ordentliche Rechtsweg könnte nur durch besonderes Gesetz eröffnet werden[76].

IV. Ein weiteres öffentlichrechtliches Rechtsinstitut, das der deutschen Energiewirtschaft machtvoll zur Verfügung steht, ist die Verleihung besonderer Nutzungen, kurz Sondernutzung genannt.

Auch diesem Tatbestand hat man die Bezeichnung „Konzession“ zugelegt; durchaus zu Recht — wenn man sich nur klar darüber ist, daß es mehrere Arten echter und unechter Konzessionen gibt, und wenn man sich jeweils verständigt, welche derselben gemeint ist.

1. Die Verleihung (Konzession) als echte Verleihung und Rechtsinstitut des deutschen Verwaltungsrechts ist ein Verwaltungsakt, der ergeht, um dem Beliehenen rechtliche Macht zu geben über ein Stück öffentlicher Verwaltung.

a) Das durch Verleihung erworbene Recht an bzw. zu einem

---

[76] Vgl. zu unserem Rechtsinstitut als solchem „Nachbarrechte und öffentlichrechtliche Eigentumsbeschränkungen als Tatbestände nationalsozialistischer Rechtsbetrachtung“, in „Baupolizeiliche Mitteilungen“, 1936, Heft 2, S. 20ff.

Stück öffentlicher Verwaltung wird in der Regel im eigenen Namen des Beliehenen ausgeübt.

b) Der Beliehene erfüllt eigenen Namens gegebenenfalls zwar einen öffentlichen Zweck, eine öffentliche Aufgabe; er wird aber auch dann mindestens zugleich seinem eigenen Vorteil, seinem eigenen Nutzen nachgehen. Man wird dann einem der typischen Fälle echten Gemeinschaftsrechtes begegnen, in denen durch Wahrung berechtigten Eigennutzes zugleich dem Gemeinnutz unmittelbar gedient wird.

2. Dieses Rechtsinstitut der Verleihung (im weiteren Sinne) erscheint in zwei Hauptformen:

a) Als Verleihung eines öffentlichen Unternehmens, d. h. die Delegierung einer Tätigkeit, die sich selbst darstellt als öffentliche Verwaltung, als eine Tätigkeit, die auch, vielleicht sogar recht eigentlich zur Tätigkeit der delegierenden Stelle gehört.

Die grundsätzliche Berechtigung zur Enteignung ist für solche Tätigkeit notwendig und daher in der Konzession bereits enthalten. Mit dieser generellen Möglichkeit nicht zu verwechseln ist die Zulässigkeit, die Zulässigkeitserklärung der Enteignung im Einzelfall durch die zuständige Behörde. Man spricht dann mitunter von einer „Verleihung des Enteignungsrechtes", zwar rechtswissenschaftlich nicht richtig, aber — wenn man den eigentlichen Tatbestand und das Verhältnis von Ursache und Wirkung erkannt hat — eine, wie gesagt übliche Ausdrucksweise, die sprachlich mindestens zu knapp ist, da sich der Begriff und die Tatsache der Verleihung nicht auf die Enteignung, sondern auf eine Tätigkeit bezieht, der die Notwendigkeit der Enteignung eigentümlich ist.

Hauptbeispiele solcher Verleihung waren die sog. Eisenbahnkonzessionen.

b) Der andere Tatbestand einer Verleihung ist die Verleihung eines besonderen Nutzungsrechts, von uns früher bereits kurz Sondernutzung genannt.

Dieses Rechtsinstitut hat doppelte Rechtsbeziehungen und grenzt sich dadurch deutlich von der vorher behandelten Konzession ab.

3. Zunächst bildet es, wie dargelegt, wie jene einen der beiden Fälle der Konzession im Sinne verwaltungsrechtlicher Verleihung.

Insofern steht es neben der Verleihung eines öffentlichen Unternehmens.

Andererseits steht unser Rechtsinstitut, gerade auch vom Standpunkte natürlicher Rechtsbetrachtung und wirtschaftlicher Betätigung, im Gegensatz zu jener anderen Verleihung[77].

a) Die Verleihung eines öffentlichen Unternehmens bezieht sich auf eine öffentliche Betätigung, einen öffentlichen Betrieb; die Verleihung besonderer Nutzungen, die Sondernutzung, gehört in den Kreis der öffentlichen Sachenrechte und ist insofern neben Gemeingebrauch und Gebrauchserlaubnis[78], die im Energierecht kaum eine Rolle zu spielen berechtigt sind, die dritte und ausgeprägteste Art, wie Gebrauchsrechte an öffentlichen Sachen begründet werden. Denn die Sondernutzung bedeutet rechtliche Macht über ein Stück der öffentlichen Sache, um zum eigenen Vorteil und eigenen Namens Besitz daran zu üben.

b) Mit den beiden seither geschilderten Fällen der Verleihung (Konzession) sind einmal nicht zusammenzulegen, gar zu identifizieren jene rein gewerberechtlichen und rein auf privatrechtliche Betriebe abgestellten sog. Konzessionen, von denen eine der

---

[77] Zur Verdeutlichung der Unterschiede im Tatbestand vgl. hier die Gegenüberstellung entsprechender Vorkommnisse im Privatrecht in der Abhandlung „Besitz und Betrieb", in „Archiv für Funkrecht", 1932, Heft 3, S. 227ff.

[78] Die Gebrauchserlaubnis, als zweite Stufe der Gebrauchsrechte an öffentlichen Sachen, geht — wie noch mehr die Sondernutzung — über den Gemeingebrauch hinaus. Sie gewährt einem Einzelnen die Erlaubnis, eine öffentliche Sache auf eine keinen Gemeingebrauch (vielmehr eine Einzelnutzung) darstellende bzw. auf eine nicht schon im Gemeingebrauch gegebene Weise zu gebrauchen. Die Stände der Marktfrauen, die Haltestellen der Taxichauffeure, Meßbuden, Karussels gehören ebenso hierher wie z. B. das ausnahmsweise gestattete Überschreiten des Bahnkörpers oder des Festungsgeländes, wobei die letzteren beiden Fälle deshalb bemerkenswert sind, weil es sich um öffentliche, d. h. einem bestimmten öffentlichen Zweck gewidmete Sachen handelt, an denen Gemeingebrauch nicht nur nicht besteht, sondern — eben mit Rücksicht auf den öffentlichen Zweck dieses Geländes — verboten ist.

Im tatsächlichen Gegensatz zur Sondernutzung greift die Gebrauchserlaubnis da Platz, wo es sich um zumeist nur oberflächlichen und vorübergehenden Gebrauch öffentlicher Sachen handelt, mit dem der Energiewirtschaft nicht gedient wäre.

Die Gebrauchserlaubnis hat ihre Ausgestaltung vor allem im Recht der öffentlichen Anstaltsnutzung gefunden, d. h. sie wird dort im Rahmen der Nutzung einer öffentlichen Anstalt erteilt.

bekanntesten wohl die sog. „Tingel-Tangel-Konzession" ist, die ihren gesetzlichen Niederschlag in der Gewerbeordnung gefunden hatte:

„Wer gewerbsmäßig Singspiele, Gesangs- und deklamatorische Vorträge, Schaustellungen von Personen oder theatralische Vorstellungen, ohne daß ein höheres Interesse der Kunst oder Wissenschaft dabei obwaltet, in seinen Wirtschafts- oder sonstigen Räumen öffentlich veranstalten oder zu deren öffentlicher Veranstaltung seine Räume benutzen lassen will, bedarf zum Betriebe dieses Gewerbes der Erlaubnis, ohne Rücksicht auf die etwa bereits erwirkte Erlaubnis zum Betriebe des Gewerbes als Schauspielunternehmer." (§ 33a.)

Sodann liegt auch dann nicht der Tatbestand unseres Rechtsinstitutes, sondern der Fall wiederum einer anderen „Konzession" vor, wenn sich der Staat unter Aufhebung der Gewerbefreiheit (die z. B. für die sog. Tingel-Tangel besteht) die Vergebung gewerblicher Unternehmungen vorbehalten hat, die zwar keine öffentlichen Unternehmungen, aber doch solche sind, an denen der Staat ein besonderes öffentliches Interesse nimmt, z. B. die sog. Apothekenkonzession.

4. Der öffentliche Weg ist keine herrenlose, sondern eine öffentliche Sache, die jeder im Rahmen des Gemeingebrauches ohne besondere Zulassung gebrauchen kann.

Was als Gemeingebrauch anzusehen ist, kann und wird — wie früher dargelegt — zeitlich und örtlich durchaus verschieden sein.

Abgesehen von den — ebenfalls früher erwähnten — Fällen gehört die Inanspruchnahme öffentlicher Wege durch Fernleitungen der Energiewirtschaft nicht zum Gemeingebrauch.

Das Energieversorgungsunternehmen, das einen solchen öffentlichen Weg benutzen will, muß sich also ein besonderes Recht hierzu verschaffen, d. h. es befindet sich nicht in anderer Rechtslage, als wenn es z. B. Festungsgelände (das zwar einem öffentlichen und hoheitlichen Zweck, nicht aber dem Gemeingebrauch gewidmet ist) in Anspruch zu nehmen gezwungen ist, um seiner öffentlichen Versorgungspflicht zu genügen.

In diesen Fällen ist es dem Herrn der öffentlichen Sache selbstverständlich möglich, die Regelung der beanspruchten Nutzungsrechte (Eigentumserwerb wird weniger in Frage kommen) mit Hilfe privatrechtlicher Rechtsinstitute vorzunehmen, so daß das Versorgungsunternehmen nicht anders dasteht als einem privaten Eigentümer gegenüber.

Dann stehen die reichen Möglichkeiten der bestimmten Sachenrechte des BGB., die besonders geordneten benannten Verträge des BGB., vor allem aber auch die Möglichkeit beliebiger vertraglicher Regelung zur Verfügung, sofern nur das vertraglich gewollte möglich und nicht verboten ist.

Auf letzterer Grundlage hat sich, als ein der deutschen Energiewirtschaft eigentümliches Rechtsverhältnis, der sog. Konzessionsvertrag entwickelt, an sich nach der Sprache des Rechtes ein Unding, das aber seinen richtigen Sinn sofort gewinnt, wenn man es auslegt: Vertrag statt Konzession.

Von diesem wichtigen selbstgeschaffenen privatrechtlichen Rechtsinstitut der deutschen Energiewirtschaft wird im folgenden Paragraphen der Darstellung eingehend die Rede sein.

5. Hier aber müssen — um einerseits unser hier zur Untersuchung stehendes Rechtsinstitut der Sondernutzung, anderseits eben jenen sog. „Konzessionsvertrag" klar herauszustellen — irrige Gedankengänge, die wissenschaftlich ebenso unrichtig wie sie wirtschaftlich gefährlich sind, kurz erwähnt werden:

a) „Weil die Inanspruchnahme öffentlicher Straßen usw. nicht mit Hilfe einer sog. Tingel-Tangel-Konzession möglich ist, bleibt ausschließlich der Weg privatrechtlicher Regelung."

Solche Anschauung verkennt — bewußt oder unbewußt — das öffentlichrechtliche Rechtsinstitut der Sondernutzung.

b) „Weil infolgedessen die Regelung nur privatrechtlich möglich ist, gehört alles, was der Wegeherr, auch wenn es ein öffentlichrechtlicher Wegeherr bzw. der Staat oder eine Kommune ist, rechtlich tut, dem Privatrecht an. Ein diesbezüglicher Vertrag stellt also keine behördliche Konzession dar. Eine vorherige Genehmigung durch die ‚Wegepolizeibehörde' kommt ebenfalls nicht in Frage. Diese kann ‚lediglich' aus ‚polizeilichen' Gründen einschreiten und ‚etwa erforderliche Vorkehrungen zum Schutze des Verkehrs' verlangen. Wo eine ‚polizeiliche Genehmigung' erteilt ist, bedeutet sie ebenfalls keine behördliche Konzession, sie enthält nur die Erklärung, daß vom ‚polizeilichen Standpunkt' Bedenken gegen die geplante Fernleitung nicht bestehen."

Hier wird nicht nur das lebendige Rechtsinstitut der Sondernutzung durch verwaltungsrechtliche „Erklärung“ privatrechtlich getarnt, sondern vor allem auch „Polizei“ mit Gemeinnutz verwechselt.

6. Trotz der außerordentlichen Bedeutung der Energiewirtschaft im allgemeinen und der deutschen Energiewirtschaft im besonderen im Zuge nicht nur des Vierjahresplanes, sondern der Zukunft der deutschen Wirtschaft überhaupt, hat sie noch nicht eine solche gesetzliche bzw. rechtliche Anerkennung gefunden, daß man ihr, wie z. B. den Eisenbahnen, der Post- und Fernmeldeverwaltung, neuerdings auch den Reichsautobahnen, aus ihren, d. h. den öffentlichen, den allgemeinen Lebensinteressen heraus begründete und notwendige Befugnisse zu unmittelbaren Eingriffen in öffentliche Sachen zugebilligt hätte, wie dies z. B. in § 1 des Telegraphenwege-Gesetzes für die Telegraphenverwaltung bereits am 18. Dezember 1899 erfolgte:

„Die Telegraphenverwaltung ist befugt, die Verkehrswege für ihre zu öffentlichen Zwecken dienenden Telegraphenlinien zu benutzen, soweit nicht dadurch der Gemeingebrauch der Verkehrswege dauernd beschränkt wird. Als Verkehrswege im Sinne dieses Gesetzes gelten, mit Einschluß des Luftraums und des Erdkörpers, die öffentlichen Wege, Plätze, Brücken und die öffentlichen Gewässer nebst deren dem öffentlichen Gebrauche dienenden Ufern.“ (Abs. 1.)

7. Solange eine entsprechende gesetzliche Delegation solcher gesetzlicher Sondernutzungen zugunsten der „öffentlichen Energieversorgung“ fehlt, benötigt das einzelne Versorgungsunternehmen, um zu Eingriffen in öffentliches Gut befugt zu sein, einer besonderen behördlichen Genehmigung, der Verleihung eines besonderen Nutzungsrechtes, der Sondernutzung.

8. Als nächster Schritt zur Anerkennung der Tätigkeit der deutschen Energiewirtschaft als „öffentliche Energieversorgung“ darf die Anwendung unseres Rechtsinstitutes nicht von dem privatrechtlichen Belieben des Wegeherrn abhängen, sondern muß aus den herrschenden Grundsätzen des deutschen Verwaltungsrechtes und den zwingenden Bedürfnissen der deutschen Nationalwirtschaft als öffentlich geboten angesehen werden. Bereits heute! Auch ohne Gesetz, das aber gegenüber den

anderen gesetzlichen Delegationen mindestens als erwünscht zu erbitten ist[79]!

9. Die Verleihung besonderer Nutzungen als Verwaltungsakt zur Übertragung öffentlichrechtlicher Besitzrechte an öffentlichen Sachen delegiert zugleich die in dem übertragenen Stück des Verwaltungsbesitzes erscheinende öffentliche Gewalt.

Mit der von der zuständigen Behörde vorgenommenen Verleihungs- (Konzessions-) Urkunde entsteht die Sondernutzung an der öffentlichen Sache mit allen Nebenwirkungen.

a) Das verliehene Recht als solches ist öffentlichrechtlicher Art als Macht über die durch dasselbe beschränkte öffentliche Verwaltung in bezug auf die genutzte öffentliche Sache.

b) Der Beliehene übt aber durch die Sondernutzung, durch Ausübung des Rechtes nicht selbst wieder öffentliche Verwaltung. Er benutzt und nutzt vielmehr ein bestimmtes Stück der öffentlichen Sache für seine privaten Sonderzwecke, privatwirtschaftlich, privatrechtlich.

c) Infolgedessen ist auch sein Eigentum an den angebrachten Sachen und Vorrichtungen privatrechtlicher Natur. Und die Beziehungen, in die er als Besitzer eines Stückes der öffentlichen Sache und als Inhaber einer öffentlichrechtlichen Nutzungsbefugnis zu anderen tritt, finden ihre Ordnung durch das Privatrecht.

Wenn also z. B. ein Unternehmen kraft einer Sondernutzung Straßenbahngeleise in die öffentliche Straße einläßt, dann werden diese Geleise nicht öffentliche Sache, gar öffentliches Eigentum, sondern verbleiben im Privateigentum des Beliehenen, weil eine Widmung im Rechtssinne fehlt und seitens eines Privaten gar nicht möglich ist[80].

d) Die öffentlichrechtlichen Folgen der Verleihung zeigen sich aber nutzbringend auf sog. „polizeilichem" Gebiet, auf dem bei rein privatrechtlicher Regelung Auseinandersetzungen, Störungen und Eingriffe seitens der Wegepolizei sonst unvermeidbar zu sein pflegen.

[79] Vgl. hierzu den Erlaß des Reichs- und Preußischen Wirtschaftsministers vom 1. Juli 1935 betr. Benutzung von Straßen für elektrische Hochspannungsleitungen. (S. 17, Fußnote 15 dieser Darstellung.)

[80] Wollte man Privatrecht auf unseren Tatbestand anwenden, so gelangte man — unbeschadet der Erkenntnis unseres Rechtsinstitutes — auf Grund von § 95 Abs. 1, Satz 2 BGB. zum gleichen Ergebnis, da unser Sondernutzungsrecht zweifellos ein Recht im Sinne dieser Bestimmung ist.

Während nämlich hinsichtlich des Eigentums sowohl an der öffentlichen Sache (deren Eigentum beim Wegeherrn verbleibt) wie auch an den mit dieser verbundenen Vorrichtungen des Beliehenen (deren Eigentum diesem zusteht) durch die Verleihung keine Änderung bewirkt wird, tritt der gesamte Besitzstand, also einschließlich der durch Verbindung neu hinzugekommenen Dinge, in den Bannkreis der Polizei der öffentlichen Sache.

e) Dementsprechend hält diese Polizei, beim Weg die Wegepolizei, die Ausübung des Rechtes an der öffentlichen Sache in den durch den Zweck einerseits der öffentlichen Sache (z. B. Gemeingebrauch), andererseits der Konzession bedingten Grenzen; sie schützt aber auch den Besitzstand und die Sondernutzung als Stück der öffentlichen Sachverwaltung gegen Störungen durch Dritte.

f) Ein „Recht" auf diesen polizeilichen Schutz hat der Beliehene nicht, wie es einen Rechtsanspruch des Einzelnen auf Einschreiten der Polizei überhaupt nicht gibt. Die Wegeverwaltung wird in eigener öffentlichrechtlicher Pflichterfüllung immer dann einschreiten, wenn es erforderlich ist. Eine Anregung durch den Beliehenen vermag aber gegebenenfalls diese pflichtgemäße polizeiliche Betätigung auszulösen.

10. Der Inhalt der Verleihung kann in der Verleihungsurkunde ausdrücklich und genau festgelegt sein. Die Konzession kann an Bedingungen geknüpft und diese Bedingungen können hoheitlich einseitig festgelegt werden.

Immer werden außer dem eigentlichen Hoheitsakt der Verleihung weitere Vereinbarungen über die Ausübung der einem Versorgungsunternehmen erteilten Konzession notwendig sein.

Es erscheint sowohl im Interesse der Energiewirtschaft, die ja öffentliche Verwaltung führt, wie im Interesse der Reinerhaltung des Verwaltungsaktes der Gebietshoheit geboten, alle weiteren Vereinbarungen, außer der Verleihung selbst[81], in einem privatrechtlichen Vertrag zwischen Wegeherrn und Versorgungsunternehmen zu behandeln[82].

---

[81] Nämlich dem von der zuständigen Behörde erteilten Recht, „die in ihrem Eigentum befindlichen Wege, Straßen, Plätze usw. zum Zwecke der ober- und unterirdischen Führung von elektrischen Leitungen für die Versorgung ... mit elektrischer Energie und deren Fortleitung zu benutzen". (SCHNEIDER, a. a. O. S. 363.)

[82] Vgl. hierzu SCHNEIDER, a. a. O. S. 363.

Selbstverständlich muß es bei pflichtgemäßer Erteilung der Konzession sein, daß sie Ausschließlichkeit genießt, denn ohne diese ist „öffentliche“ Energieversorgung schlechterdings nicht wohl möglich.

a) Eine besondere Wirkung des Verwaltungsaktes zur Belastung einer öffentlichen Sache mit einer Sondernutzung kann aus der rechtlichen Natur der öffentlichen Sache erwachsen.

Ist die Sache, an der auch die Sondernutzung besteht, deshalb eine öffentliche, weil sie einem bestimmten Hauptzweck gewidmet ist, so kann es zum Widerstreit zwischen der Erfüllung des Hauptzweckes und des besonderen Nutzungszweckes kommen.

Dann wird grundsätzlich der Sonderzweck dem Hauptzweck weichen müssen.

b) Unabänderbar und letzten Endes auch dem Beliehenen zugute kommend ist die Vornahme von Ausbesserungs-, Verbesserungs- und Erhaltungsarbeiten an der Körperlichkeit der öffentlichen Sache.

c) Es sind darüber hinaus aber Fälle denkbar, in denen die Erfüllung des Hauptzweckes gebietet, das verliehene Recht nicht weiter bestehen zu lassen, es durch Widerruf der Verleihung zu beseitigen.

Ist auch hier, wie gegebenenfalls auch bei bloßen Beeinträchtigungen, die Möglichkeit einer öffentlichrechtlichen ausgleichenden Entschädigung gegeben, so kann doch trotz aller gerechten Geldentschädigung der Tätigkeit des Beliehenen ein Schaden erwachsen, den er nur schwer oder überhaupt nicht ertragen kann.

Wird auch bei Abwägung der Interessen des Verleihenden und des Beliehenen ein Unterschied je nach der Tätigkeit des letzteren gemacht werden können und — wenn überhaupt — vor allem zugunsten solcher Unternehmungen gemacht werden müssen, die selbst öffentliche Verwaltung führen, so wird vom Standpunkte des Verwaltungsrechtes und öffentlicher Verwaltung überhaupt das Widerrufsrecht des Verleihenden im Notfalle zugunsten höherer allgemeiner Interessen unverzichtbar erscheinen.

Daher ist — wie schon oben empfohlen — die vertragsmäßige Regelung aller Folgen der Verleihung im Interesse einer ordentlichen öffentlichen Verwaltung der Energieversorgungsunternehmungen notwendig.

d) Dies ist insbesondere auch für den Fall unerläßlich, daß die öffentliche Sache eine Einziehung im Sinne des Verwaltungsrechtes erleidet, d. h. wenn der öffentliche Sachenherr die öffentliche Zweckbestimmung aufhebt, die Widmung zurückzieht.

Dann ist die öffentliche Sache, z. B. der seither öffentliche Weg, keine öffentliche Sache mehr, und öffentlichrechtliche Nutzungsrechte sind an ihr naturgemäß nicht mehr möglich. Hier müßte dann z. B. eine privatrechtliche persönliche Dienstbarkeit oder — zumeist besser — eine privatrechtliche Grunddienstbarkeit bestellt werden.

Diesen privatrechtlichen Rechtsinstituten fehlt dann aber die der Sondernutzung innewohnende öffentliche Gewalt bzw. die ihr innewohnende Immunität gegenüber „polizeilichen" Störungen.

e) Zu den bei der Verleihung üblichen, zumeist notwendigen Nebenbestimmungen gehören mitunter Verpflichtungen des Beliehenen zugunsten Dritter.

Auch diese Auflagen werden zweckmäßigerweise vertraglich geregelt.

f) Umfassendste Bedeutung und ungestörteste Ausübung gewinnt unser Rechtsinstitut dann, wenn der mit der Sondernutzung Beliehene zugleich der mit dem öffentlichen Unternehmen Beliehene ist, dem die Sondernutzung zu dienen bestimmt ist[83].

11. Als Verpflichtungen des Beliehenen erscheinen auch reine Geldleistungen, sei es in Gestalt öffentlichrechtlicher Gebühren, sei es in derjenigen privatrechtlichen Entgeltes oder privatrechtlicher Entschädigung.

Das letztere wird ja auf dem Boden der Vertragsfreiheit und der Parteiengleichheit festgelegt.

Die Gebühr aber muß ihre natürlichen Höchstgrenzen finden nicht nur an dem „Vorteil" des Sondernutzers, sondern zugleich an dem für die benutzte öffentliche Sache gemachten Aufwand im Sinne einer ordentlichen Wirtschaftsführung[84].

---

[83] Ein typischer Fall ist der beliehene Straßenbahnunternehmer, der die öffentlichen Straßen sowohl zum Betrieb wie zur körperlichen, baulichen Inanspruchnahme benutzt. Hier gewährt die Behörde zwei Verleihungen: die Ausübung des öffentlichen Unternehmens und körperliche Eingriffe in die öffentliche Sache.

[84] Vgl. hierzu SCHNEIDER, a. a. O. insbes. S. 122ff.

12. Unser Rechtsinstitut ist ausgezeichnet durch gemeinsame Anwendung öffentlichrechtlicher und privatrechtlicher Möglichkeiten zum Zwecke seiner Ausführung.

Aus der Grenzlinie zwischen beiden Rechtsgebieten ergibt sich dann auch die grundsätzliche Verteilung der Zuständigkeiten zur Entscheidung von Streitfällen.

a) Ein Streit zwischen dem, der eine Sondernutzung als öffentlichrechtliches Rechtsinstitut beansprucht, und derjenigen Behörde, die sie zu verleihen hat, ist selbstverständlich Verwaltungssache, die ordentlichen Gerichte sind unzuständig.

b) Streit um das Recht einer Sondernutzung zwischen Einzelnen ist bürgerliche Rechtsstreitigkeit.

V. „Soweit von Energieversorgungsunternehmen für Benutzung von Straßen und Verkehrswegen jeder Art Benutzungsgebühren oder sonstige Entschädigungen zu entrichten sind, kann der Reichswirtschaftsminister allgemeine Vorschriften oder Einzelanordnungen über deren Zulässigkeit und Bemessung erlassen.“ (§ 12 Energiewirtschaftsgesetz.)

1. Diese Bestimmung gehört zweifellos in eine öffentlichrechtliche Behandlung des die sachenrechtliche Seite der Energiewirtschaft regelnden Rechtes.

Denn § 12 bezieht sich nach dem ausdrücklichen Wortlaut des Gesetzes nur auf Benutzung von „Straßen und Verkehrswegen jeder Art“, also auf öffentliche Sachen[85].

2. Sodann beschränkt sich § 12 auf „Zulässigkeit und Bemessung“ der Gebühren oder Entschädigungen.

Im übrigen liegt hier die gesetzliche Verankerung bzw. Bestätigung dessen vor, was wir kurz zuvor bei Ziff. 11 über die Grenzen bei Gebühren betont haben.

3. Die Vorschrift des § 12 erstreckt sich sichtlich vor allem auf das soeben behandelte Rechtsinstitut der Verleihung besonderer Nutzungsrechte; andernfalls, insbesondere privatrechtlichen Regelungen gegenüber, wäre diese Bestimmung des Gesetzes mindestens unnötig, auch dann, wenn der Vertragsgegner

---

[85] Der Eigentümer eines Privatgrundstückes erhebt einmal keine Benutzungs-„Gebühren“, zum andern besteht infolge der Vertragsfreiheit und Parteiengleichheit bei vertraglicher Regelung keine Notwendigkeit behördlicher Hilfe, die nötigenfalls ja durch Enteignung gewährt werden kann.

hoheitlicher Wegeherr ist, aber eine vertragliche Festlegung der Geldleistungen des Unternehmers bevorzugt hat.

4. An sich wäre § 12 zwar auch auf privatrechtliche „Entschädigungen" anwendbar, solche pflegen aber bei öffentlichen Sachen, über die eine gebührenmäßige, also öffentlichrechtliche Bestimmung getroffen ist, kaum vorzukommen.

Sollten sie entstehen, dann ist § 12 gegebenenfalls verwertbar.

§ 5. Das Recht der Pflichten.

A. Die privatrechtliche Praxis der privatwirtschaftlichen deutschen Energiewirtschaft[86].

Vorbemerkung. Das Energiewirtschaftsgesetz ist im wesentlichen ein Verwaltungsgesetz, gehört somit grundsätzlich dem öffentlichen Recht, eben dem Verwaltungsrecht zu.

Es wendet sich vorwiegend an die Energiewirtschaft und deren Versorgungsunternehmungen und läßt die privatrechtlichen Ausgestaltungsmöglichkeiten des Anschluß- und Versorgungsverhältnisses zwischen dem Unternehmen und den einzelnen Versorgten (Stromabnehmern) mit einigen (unter B dieses Paragraphen darzustellenden) Ausnahmen unberührt.

Damit ist auch gesetzlich (mindestens stillschweigend) so wie allgemein das wirtschaftliche Gebaren der Deutschen Energiewirtschaft, so auch deren selbstentwickelte rechtliche Praxis aufrechterhalten geblieben.

Die deutsche Energiewirtschaft hat sich aber grundsätzlich (aus früher dargelegten Gründen), ja, von wenigen gesetzlich ausdrücklich dargebotenen Möglichkeiten abgesehen, ausschließlich auf dem Boden des Privatrechtes gehalten.

---

[86] Die privatrechtliche Praxis der privatwirtschaftlichen deutschen Energiewirtschaft hat durch hervorragende und berufene Vertreter der Unternehmerseite in diesem Sinne ihre Darstellung, Vertiefung, Ergänzung und Erweiterung erfahren.

Diese grundlegenden Werke sind:

1. Ernst Henke, Hans Müller, Fritz Rumpf, Rechtsgrundlagen der öffentlichen Elektrizitätswirtschaft in Deutschland, 1930.
2. Hans Müller, Gesetz zur Förderung der Energiewirtschaft, erläutert, 1936.
3. Hans Darge, Eugen Melchinger, Fritz Rumpf, Gesetz zur Förderung der Energiewirtschaft, erläutert, 1936.
4. Ernst Eiser, Energiewirtschaftsrecht, erläutert, 1937.

Und zwar hat die deutsche Energiewirtschaft diesen Weg und diese Grenzen nicht nur auf dem Gebiete des eigentlichen Vertragsrechtes, sondern insbesondere auch auf dem Gebiete des Sachenrechtes eingehalten.

Das heißt: Sie hat ihre Beziehungen zu Grundstücken bzw. zu den Grundstücksherrn stets und solange dies irgend rechtlich möglich war, mit dem Mittel der sog. dinglichen Verträge, d. h. vertraglicher Belastungen von Grundstücken geregelt.

Auf diese Weise sind die Versorgungsunternehmen auch zu den Herren öffentlicher Sachen nicht in öffentlichrechtliche Beziehungen getreten, sondern sie haben auch mit diesen privatrechtlich, vertraglich verkehrt.

Denn der Staat, die Gemeinden sowie die anderen öffentlichrechtlichen Körperschaften haben und hatten, wie schon früher mehrfach betont, es selbstverständlich in der freien Wahl, ob sie ihrerseits die ihnen allerdings zunächstliegenden Rechtsinstitute des öffentlichen Rechtes zur Anwendung und hoheitlichen Geltung bringen oder ob sie sich auf den Boden der Parteiengleichheit und Vertragsfreiheit begeben wollten.

Letzterenfalls verzichteten sie auf hoheitliche Gestaltung, umgekehrt blieben die Unternehmungen von hoheitlichem Einfluß sowie hoheitlichen Bedingungen und Auflagen frei, verzichteten damit ihrerseits aber dann auch auf delegierungsfähige hoheitliche Möglichkeiten, wie sie insbesondere bei der Sondernutzung bestehen.

I. Das für die Zwecke der Energiewirtschaft benötigte Grundeigentum und die Rechtsverhältnisse der Versorgungsunternehmen zu den Wegeherren, d. h. zunächst Wegeeigentümern, bilden eine der wichtigsten Rechtsgrundlagen der öffentlichen Energieversorgung und sind für die Entwicklung der gesamten Energiewirtschaft — seither nach der privatwirtschaftlichen und privatrechtlichen Seite, künftig mehr nach der nationalwirtschaftlichen und öffentlichrechtlichen — von außerordentlicher Bedeutung.

Und in dem Bemühen und in dem Kampf um möglichst günstige Gestaltung dieser Rechtsverhältnisse zunächst im Interesse der Unternehmen, dann und zugleich aber auch in demjenigen der Versorgten spielte die betriebs- und existenznotwendige Frage der Ausschließlichkeit der Nutzungsrechte eine besondere Rolle.

Die mannigfachsten Rechtsfiguren sind hierbei zur Anwendung gelangt, sei es auf Grund gesetzlich geregelter Vertragsbande, sei es mit Hilfe möglicher Vertragsgestaltung.

Auch das Energiewirtschaftsgesetz läßt, wie schon betont, sämtliche Möglichkeiten in diesen Rechtsbeziehungen offen.

1. Als eines der nächstliegenden gesetzlich geregelten Rechtsinstitute privatrechtlichen dinglichen Vertragsrechtes steht die beschränkte persönliche Dienstbarkeit (§ 1090 BGB.) zur Verfügung, kraft deren „derjenige, zu dessen Gunsten die Belastung erfolgt, berechtigt ist, das Grundstück in einzelnen Beziehungen zu benutzen", oder „ihm eine sonstige Befugnis zusteht, die den Inhalt einer Grunddienstbarkeit bilden kann".

2. Eine in persönlicher Beziehung freiere Nutzung gestattet die Grunddienstbarkeit (§ 1018 BGB.), durch welche „zugunsten des jeweiligen Eigentümers eines anderen Grundstücks" das benötigte Grundstück „in der Weise belastet wird, daß dieser das Grundstück in einzelnen Beziehungen benutzen darf oder daß auf dem Grundstück gewisse Handlungen nicht vorgenommen werden dürfen oder daß die Ausübung eines Rechtes ausgeschlossen ist, das sich aus dem Eigentum an dem belasteten Grundstück dem anderen Grundstück gegenüber ergibt".

3. Diese beiden Rechtsinstitute des Privatrechts, die, wie gesagt, den Vorzug eingehender gesetzlicher Regelung bieten, stehen zu anderen seither behandelten und im Interesse der Energiewirtschaft angewandten bzw. empfohlenen Rechtsinstituten in interessantem und bedeutungsvollem Gegensatz.

a) Neben die Dienstbarkeiten, die tatsächlich letzten Endes ja ebenfalls „Eigentumsbeschränkungen" bedeuten bzw. begründen, hat das BGB. selbst die eigentlichen privatrechtlichen Eigentumsbeschränkungen, „Nachbarrechte" genannt, gestellt. Während aber die auf Grund der Dienstbarkeit geübte bzw. geduldete Eigentumsbeschränkung ein bestimmtes, für eine bestimmte Person oder ein bestimmtes Grundstück begründetes Recht voraussetzt, das wirksam wird gegenüber einem bestimmten Grundstück und das Eigentum daran rechtlich zurückdrängt, so daß nach bestimmter Richtung seine Ausübung unterlassen oder ein Eingriff geduldet werden muß, bedeutet — wie ähnlich schon früher ausgeführt — die Eigentumsbeschränkung eine dem Eigentum allgemein und im voraus anhängende Schwäche. Sie paralysiert diejenige Seite des Eigentums, welche die rechtliche Macht darstellt, „andere von jeder Einwirkung auszuschließen", und macht es in dieser Beziehung wehrlos. Weil dies naturgemäß einem anderen, nämlich dem „Nachbarn" zugute kommt, spricht man von Nachbar-„Rechten", obwohl ein solches „Recht" nur die Wirkung der bereits bestehenden Eigentumsbeschränkung bzw. Eigentumsschwäche, nicht aber diese Beschränkung die Wirkung eines „Rechts" ist.

b) Im öffentlichen Recht steht den privatrechtlichen Dienstbarkeiten zunächst die öffentlichrechtliche Eigentumsbeschränkung gegenüber bzw. zur Seite.

Dieses Rechtsinstitut wurde oben ausführlich entwickelt.

Es verleiht gegebenenfalls den Versorgungsunternehmungen öffentliche Rechte gegen Privatgrundstücke ohne Vergütung bzw. Entschädigung.

c) Schließlich ist noch, nicht minder als Rechtsinstitut des öffentlichen Rechts, die gleichfalls früher eingehend behandelte Enteignung zu nennen, die nötigenfalls dann als letztes Mittel angewandt wird, wenn dem benötigten Grundstück Beschränkungen zugemutet werden sollen, die freiwillig nicht zugestanden werden und als öffentlichrechtliche Eigentumsbeschränkungen nicht mehr geduldet zu werden brauchen.

II. Aus dem Reiche der im BGB. geregelten Verträge hat sich die deutsche Energiewirtschaft[87] insbesondere des Mietvertrages bedient, gegebenenfalls (bei Unentgeltlichkeit) auch der Leihe.

1. Mitunter glaubte man auch, fremde Grundstücke auf Grund des römischrechtlichen Precarium, einer Leihe auf beliebigen Widerruf, zu benutzen und stellte mit gewissem Stolz diese Diagnose. Daß dieses Rechtsinstitut nicht nur im alten Rom, sondern auch später einen Sinn hatte, ja daß es auch heute noch nützlich sein kann, ist unbestreitbar.

Für die auf Dauer bestimmte Tätigkeit der Energieversorgungsunternehmen, insbesondere für die eigentlich auf immer errichteten Fernleitungen aber birgt ein Vertragsverhältnis, das vom Grundstückseigentümer jederzeit einseitig widerrufen werden kann, außerordentliche, ja existenzbedrohende Gefahren. Vielleicht hat diese Diagnose gelegentlich einen nicht nur untauglichen, sondern sogar gefährlichen Versuch dargestellt, Tat-

[87] Vgl. z. B. Müller in Henke-Müller-Rumpf, S. 69.

bestände von Eigentumsbeschränkungen privatrechtlich zu „erklären“.

2. Weil das Nutzungsverhältnis der Energieversorgungsunternehmungen an fremden Grundstücken auf Dauer berechnet sein muß, trifft auf Mietverträge dieser Art grundsätzlich § 567 BGB. zu:

„Wird ein Mietvertrag für eine längere Zeit als dreißig Jahre geschlossen, so kann nach dreißig Jahren jeder Teil das Mietverhältnis unter Einhaltung der gesetzlichen Frist kündigen. Die Kündigung ist unzulässig, wenn der Vertrag für die Lebenszeit des Vermieters oder des Mieters geschlossen ist.“

a) Da der hier erwähnte Mietvertrag eben „für eine längere Zeit als dreißig Jahre“ geschlossen wurde, bedeutet eine Kündigung schon nach dreißig Jahren gegenüber dem zeitlichen Zwecke dieses Vertrages eine vorzeitige Kündigung.

b) Dennoch hat § 567 zwingende Natur, d. h. die in ihm gesetzlich geregelten Tatbestände können durch die Parteien vertraglich nicht geändert werden. Ein Ausschluß der gesetzlich gestatteten Kündigung durch Androhung einer, wenn auch vertraglich, also im beiderseitigen Einverständnis verabredeten Vertragsstrafe wird also grundsätzlich eine Verletzung bzw. eine Umgehung dieser Bestimmung bedeuten.

Dagegen stünde die Vereinbarung einer Entschädigung für den Fall einer den Mieter in der Tat schädigenden Kündigung in der Regel nicht im Widerspruch zum Gesetz, da ja der Zweck der Entschädigung nicht ist, die Befolgung der gesetzlichen Vorschrift zu hindern, gar auszuschließen, sondern der, die für den vertraglichen Fall notwendigen Folgen aus der Kündigung zu ziehen.

c) Die Ausnahmebestimmung des zweiten Satzes des § 567 kann bei vernünftiger Auslegung nur auf sog. natürliche Personen Anwendung finden, während für die sog. juristischen Personen es bei der Vorschrift des Satzes 1 verbleibt. Auch der Wortlaut und der Zweck des Gesetzes zwingen zu diesen Schlüssen.

d) Wie seinerzeit die Motive nämlich eröffneten, wurde § 567 aus volkswirtschaftlichen Gründen für erforderlich erachtet, um die Erbmiete oder ähnliche obligatorische Verträge auszuschließen. Demgemäß ist eine zeitliche Begrenzung des Mietvertrages wesentlicher und der Inhalt des § 567, wie bereits betont, zwingender Natur. Eine Erbmiete, d. h. eine auf immerwährende Überlassung gerichtete Miete muß nach dem BGB. als begrifflich ausgeschlossen gelten. Ein derartiger Vertrag erweist sich nach BGB. als Kauf oder als Begründung eines dinglichen vertraglichen Zustandes, z. B. als Erbbaurecht.

e) Schließlich sei noch auf die Formvorschrift des § 566 BGB. aufmerksam gemacht:

„Ein Mietvertrag über ein Grundstück, der für längere Zeit als ein Jahr geschlossen wird, bedarf der schriftlichen Form. Wird die Form nicht beobachtet, so gilt der Vertrag als für unbestimmte Zeit geschlossen; die Kündigung ist jedoch nicht für eine frühere Zeit als für den Schluß des ersten Jahres zulässig[88]."

3. Für das aus einer Leihe entspringende Vertragsverhältnis ist vom Standpunkte und im Interesse der Versorgungsunternehmungen wichtig und wesentlich, daß dieser Vertrag zwar nicht an eine bestimmte Zeit gebunden zu sein braucht. Die für die Leihe aber begriffsnotwendige Tatsache der Unentgeltlichkeit[89] hat Veranlassung zu folgenden Vorschriften gegeben:

§ 604. (1) Der Entleiher ist verpflichtet, die geliehene Sache nach dem Ablaufe der für die Leihe bestimmten Zeit zurückzugeben.

---

[88] Es handelt sich hier um den einzigen schriftlichen Vertrag des BGB. im Sinne des § 126 Abs. 2, bei dem nämlich beide Parteien dieser Form genügen, wie diese Bestimmung vorschreibt: „Bei einem Vertrage muß die Unterzeichnung der Parteien auf derselben Urkunde erfolgen. Werden über den Vertrag mehrere gleichlautende Urkunden aufgenommen, so genügt es, wenn jede Partei die für die andere Partei bestimmte Urkunde unterzeichnet."

Wenn man z. B. behauptet, die Bürgschaft bedürfe der Schriftform, so ist dies insofern richtig, als § 766 Satz 1 bestimmt: „Zur Gültigkeit des Bürgschaftsvertrags ist schriftliche Erteilung der Bürgschaftserklärung erforderlich." Aber hier ist doch nur eine der beiden Parteien zur Form des § 126 Abs. 2 verpflichtet. Der Gläubiger (des Dritten), dem gegenüber die Erteilung der Erklärung erfolgt, mit dem also der Bürgschaftsvertrag geschlossen wird, ist an keine Schriftform gebunden.

Ebenso liegt es entsprechend beim Schuldversprechen (§ 780) und bei der Schuldanerkenntnis (§ 781), wo ebenfalls nur das Versprechen bzw. die Anerkenntnis, nicht aber auch die Annahme dieser Erklärungen der Schriftform bedarf.

[89] „Durch den Leihvertrag wird der Verleiher einer Sache verpflichtet, dem Entleiher den Gebrauch der Sache unentgeltlich zu gestatten." (§ 598 BGB.)

(2) Ist eine Zeit nicht bestimmt, so ist die Sache zurückzugeben, nachdem der Entleiher den sich aus dem Zwecke der Leihe ergebenden Gebrauch gemacht hat. Der Verleiher kann die Sache schon vorher zurückfordern, wenn so viel Zeit verstrichen ist, daß der Entleiher den Gebrauch hätte machen können.

(3) Ist die Dauer der Leihe weder bestimmt noch aus dem Zwecke zu entnehmen, so kann der Verleiher die Sache jederzeit zurückfordern.

§ 605. Der Verleiher kann die Leihe kündigen:

1. wenn er infolge eines nicht vorgesehenen Umstandes der verliehenen Sache bedarf;

2. wenn der Entleiher einen vertragswidrigen Gebrauch von der Sache macht, insbesondere unbefugt den Gebrauch einem Dritten überläßt, oder die Sache durch Vernachlässigung der ihm obliegenden Sorgfalt erheblich gefährdet;

3. wenn der Entleiher stirbt.

Wenn auch bei diesem Vertrag eine Entschädigung für den Fall „vorzeitiger" Kündigung oder Rückgabe vereinbart werden kann, so erscheint doch dieses ganze Rechtsinstitut, insbesondere gegenüber der gegebenenfalls möglichen Grundstücksbenutzung durch öffentlichrechtliche Eigentumsbeschränkung, gerade für die öffentliche Energiewirtschaft nicht sonderlich geeignet.

4. Weil nun alle diese im BGB. geregelten Möglichkeiten, insbesondere gegenüber öffentlichen Wegeherren, für die ordnungsmäßige Durchführung der öffentlichen Energieversorgung nicht genügten, hat die deutsche Energiewirtschaft (allerdings auch zur Umgehung der Erwirkung einer Sondernutzung durch Konzession im Sinne unseres öffentlichrechtlichen Verwaltungsrechtsinstitutes der Verleihung besonderer Nutzungen) ein Rechtsverhältnis entwickelt, dem man den kombinierten, ja etwas paradoxen[90] Namen „Konzessionsvertrag" beilegte.

Über ihn wird im folgenden zu handeln sein.

III. Der sog. Konzessionsvertrag, der mit dem öffentlichrechtlichen Rechtsinstitut der Konzession einer Sondernutzung lediglich einen Teil des Namens und den Zweck gemein hat,

[90] In sich widerspruchsvoll insofern, als die Konzession ein hoheitlicher Verwaltungsakt und ein Rechtsinstitut des öffentlichen Rechtes ist, während der Vertrag ein Grundrechtsinstitut des privaten Rechtes darstellt und im Gegensatz zur Konzession auf dem Boden der Parteiengleichheit entsteht.

ist ein von der deutschen Energiewirtschaft selbst geschaffener und ausgebauter privatrechtlicher Vertrag, der zumeist obligatorisch, aber auch dinglich (etwa als Grunddienstbarkeit) abgeschlossen wird.

Die Energieversorgungsunternehmen bedienten sich seiner, wenn sie an öffentlichem Eigentum im früher geschilderten Sinne ein Benutzungsrecht zur Errichtung von Leitungen erwerben wollten — und die öffentlichen Wegeherren, insbesondere die Gemeinden, schlossen ihn ab.

Die Sicherung des Wegenutzungsrechtes ist Grundlage und Kern des Rechtsverhältnisses, aber nur selten alleiniger Bestandteil. Alles was im Rahmen und Ablauf der Wegenutzung bzw. der Errichtung und Unterhaltung von Leitungsanlagen sich ereignen konnte, insbesondere auch die Beendigung des Vertrages und deren Folgen, wurden in einer längeren und wohldisponierten rechtlichen Abhandlung tatbestandsmäßig beschrieben und geregelt. Die Frage der Ausschließlichkeit und einer Übernahme der Anlagen spielte dabei eine nicht unbedeutende Rolle; technische und wirtschaftliche, nicht jedem Rechtswahrer geläufige Unterlagen, Rücksichten und Folgen, die für die Energiewirtschaft lebensnotwendig waren, mußten hier geschildert und begründet werden.

1. Da der Konzessionsvertrag eigentlich und tatsächlich ein privatrechtlicher Ersatz für einen hoheitlichen Verwaltungsakt war, hat man — bewußt oder unbewußt — dem belasteten Wegeeigentümer gern einen gewissen formalen Vorrang eingeräumt.

Man sprach gern von „Freigabe der Wege", von einer „Pflicht der Benutzer zum Ausbau des Netzes, der Netzerweiterung", vor allem auch von einer „Pflicht zum dauernden Betrieb und zur Anschlußgestattung". Und grundsätzlich davon, daß eine Gemeinde einem Elektrizitätsunternehmen die Versorgung ihres Gebietes mit Strom übertrage.

2. Der sog. Konzessionsvertrag enthält endlich auch noch meist Bestimmungen, wie dem Einzelnen, der anschließen will, d. h. der Allgemeinheit, die Energie zu liefern ist, in welcher Art (Drehstrom, Gleichstrom, Spannung usw.), gegen welche allgemein zu gewährenden Preise (Höchstpreise), wie die Energie zu messen, zu berechnen und der Preis einzukassieren ist[91].

[91] So Henke in Henke-Müller-Rumpf, S. 11.

3. In solchen Konzessionsverträgen konnten auch Vertragsteile enthalten sein, die an sich einen besonderen Versorgungsvertrag bildeten, nämlich dann, wenn nicht die Versorgung der Gemeindeangehörigen, d. h. deren Einzelhaushalte und Einzelbetriebe, sondern bestimmte Lieferungs- bzw. Werkleistungen an die Gemeindeverwaltung als solche vereinbart waren, z. B. die Beleuchtung der Gemeindestraßen und Plätze. Hier sollte also nicht Strom (zur beliebigen Verwendung durch den Abnehmer), sondern Licht, eine fertige und funktionierende Erhellung der Straßen und Plätze Gegenstand des Schuldverhältnisses sein.

4. Daß der Konzessionsvertrag privatrechtlichen Charakter besitzt, wenn eine Gemeinde eben keine öffentlichrechtliche Konzession erteilen, sondern sich aus besonderen Gründen auf den Boden des Privatrechts begeben wollte, um keine hoheitliche Stellung gegenüber dem Unternehmen zu haben, kann füglich nicht bestritten werden.

Ebenso unbestreitbar aber ist, daß es sich hier einerseits um einen für eine Gemeinde mindestens fernerliegenden Rechtsstandpunkt und anderseits um eine Regelung handelte, welche den Unternehmer keineswegs besser stellte, als wenn er sich eine Konzession in der natürlichen Gestalt des Hoheitsaktes besorgt hätte[92].

5. Wenn in diesen sog. Konzessionsverträgen Abmachungen getroffen werden, die von Einfluß auf die (alsbald weiter unten zu behandelnden) Versorgungs- (Elektrizitäts-Lieferungs-) Verträge sind, insbesondere also dann, wenn in ihnen positive Bestimmungen über die Ausübung der Versorgungspflicht enthalten sind, dann bildet notwendigerweise der Konzessionsvertrag einen Bestandteil, einen wesentlichen Bestandteil der zwischen dem Unternehmen und den einzelnen Stromabnehmern geschlossenen Versorgungsverträge. Dann aber bewirkt ebenso naturgemäß eine Änderung des Konzessionsvertrages ohne weiteres eine Änderung der Stromlieferungsbedingungen und daher auch der auf diesen aufgebauten einzelnen Versorgungsverträge.

Dies ist formell insofern vereinfacht, als sich die Werke in der Regel das Recht zu diesbezüglicher einseitiger Vertragsänderung vorbehalten haben.

---

[92] Nicht nur erst heute, sondern immer unrichtig und unwahr wäre aber die Behauptung, daß „bei Elektrizitätskonzessionen eine öffentlichrechtliche Gestattung irgendwelcher Art überhaupt nicht in Frage“ käme.

6. Einen wesentlichen Bestandteil vieler Konzessionsverträge bilden die schon erwähnten Heimfall- oder Übernahmerechte. Durch sie will die Gemeinde sich die Möglichkeit offenhalten, nach Ablauf einer bestimmten, meist auf mehrere Jahrzehnte bemessenen Konzessionsdauer die Verteilung selbst in die Hand zu nehmen. Zu diesem Zweck wird bestimmt, daß nach einer gewissen Zeit entweder die Gemeinde das Recht hat, die Anlagen des Elektrizitätsunternehmers zu vertraglich festgelegten Preisen zu erwerben oder ihr die Anlagen kostenlos als Eigentum zufallen sollen (!). Das bedingt ins einzelne gehende Vorschriften über Unterhaltung, Abschreibung und ähnliches[93, 94].

IV. Der soeben behandelte sog. Konzessionsvertrag diente der Errichtung der notwendigen Anlagen, um durch deren Inbetriebsetzung und Inbetriebhaltung die tatsächliche Möglichkeit zu haben, den Anschluß und die Versorgung der Allgemeinheit zu betreiben, um Versorgungsverträge abschließen zu können[95].

1. Ein eigentlicher Versorgungsvertrag privatrechtlichen Charakters kann nur dann vorhanden sein und abgeschlossen werden, wenn das Nutzungsverhältnis des Versorgten gegenüber dem Unternehmen auf privatrechtlicher Grundlage ruht.

Hierbei spielt wiederum die Rechtsform des Unternehmens insofern keine Rolle, als auch ein als öffentliche Anstalt im Sinne des Verwaltungsrechts organisiertes Unternehmen sehr wohl seine Nutzungen durch Abschluß privatrechtlicher Verträge vergeben kann.

Demgemäß geht es hier nicht um Aufstellung eines Merkmales zwischen öffentlicher Anstalt und sog. privaten Gewerbebetrieb, sondern darum, ob eine öffentlichrechtliche Anstaltsnutzung oder ein privatrechtlicher Versorgungsvertrag vorliegt.

---

[93] So Rumpf, Privatrechtliche Grundlagen der Elektrizitätswirtschaft, in Henke-Müller-Rumpf, S. 130.

[94] Wegen der hier angrenzenden energiewirtschaftlichen Belange sei auf das grundlegende und führende Werk von Schneider verwiesen.

[95] Die rechtliche Behandlung dieser Verträge pflegte seither durch Untersuchungen über den Begriff des sog. Kontrahierungszwanges und über die Frage, ob hier ein solcher vorliege, eröffnet zu werden. Vgl. List, Verwaltungsrecht technischer Betriebe, an den im Sach- und Namensverzeichnis angegebenen Stellen.

Seit Erlaß des Energiewirtschaftsgesetzes ist diese Frage gelöst, sie verlangt zudem ihre Behandlung bei Schilderung der öffentlichen Seite der den Versorgungsunternehmungen obliegenden Pflichten, gehört also unter B dieses § 5 der Darstellung.

2. Man spricht und schreibt — nicht selten in mehr oder minder tadelndem Sinne — von einer Monopolstellung[96] der deutschen Energiewirtschaft.

Diese Feststellung ist zutreffend, gereicht aber der deutschen Energiewirtschaft zum höchsten Lobe, ist außerdem nicht nur wirtschaftlich, sondern auch technisch und schließlich auch rechtlich bedingt.

a) Wie schon früher dargelegt, hat die deutsche Energiewirtschaft, insbesondere die private, und da namentlich in den Anfangsjahren, aus eigenem Antrieb, mit eigenem Kapitel, mit Unternehmerkühnheit und auf eigene Verantwortung auf dem Boden der früher und heute grundsätzlich bestehenden Gewerbefreiheit eine Tätigkeit begonnen, die sich bald sowohl an Umfang wie durch die Art der vermittelten Kulturgüter als eine solche erwies, an der die Öffentlichkeit in hervorragendem Maße interessiert und beteiligt war.

Hier sei an die Entstehungsgeschichte der Post und der Eisenbahn erinnert[97].

---

[96] Vgl. „Regal, Monopol, Unternehmen, Anstalt" in „Eisenbahn- und verkehrsrechtliche Entscheidungen und Abhandlungen", Bd. 57, 1935, S. 388ff.

[97] Die „Post" ist dereinst als Privatunternehmen des Leonhard von Taxis errichtet, dann von diesem kraft kaiserlichen Amtes betrieben worden; später wurde sie dessen Sohne als kaiserliches Regal zu Lehen gegeben.

Heute besteht Postregal und demgemäß Postmonopol in genau bestimmtem gesetzlichen Umfange. Zugleich ein ausdrücklicher Postzwang im doppelten Sinne: einmal als Verbot, sich zur Beförderung bestimmter Gegenstände eines anderen Unternehmens als der Post zu bedienen, sodann als Verbot, ein auf rein postalische Geschäfte gerichtetes Unternehmen zu betreiben.

Die „Eisenbahnen" (vgl. „Grundsätzliches zur früheren und jetzigen Rechtsnatur der Reichseisenbahnen", in „Verkehrsrechtliche Rundschau", 1937, Heft 5, S. 169ff.) wurden zunächst als private Unternehmungen („Gesellschaften") gegründet, der Staat hat sich ihrer aber sogleich vermittels seines sich vorbehaltenen Eisenbahnhoheitsrechtes angenommen; d. h. der Staat erklärte das Eisenbahnwesen als zu seinem Pflichtenkreise gehörig, behielt sich das Recht, eine Eisenbahn (Großbahn) zu errichten und zu betreiben vor und „delegierte" die Ausübung desselben durch Konzession. Hier hat das verwaltungsrechtliche Rechtsinstitut der „Konzession" im Sinne der Verleihung eines öffentlichen Unternehmens seine bedeutsamste und vollendetste Anwendung gefunden.

Die Rechtsnatur der sog. Kleinbahnkonzession bedarf noch ihrer Diagnose und Darstellung. Die heutige Wirtschaftslage der Kleinbahnen erheischt dringend das tätige Interesse berufener Juristen zu solcher Arbeit.

Solche Tätigkeiten müssen pflichtgemäß mindestens die Aufmerksamkeit des Staates erwecken, eigentlich ihn veranlassen, dieses Wirken selbst zu übernehmen, sei es, um es selbst auszuüben, sei es, um die Ausübung Privatpersonen zu übertragen, zu „verleihen".

b) Die deutsche Energiewirtschaft, die allerdings auch stets den privatwirtschaftlichen und privatrechtlichen Charakter ihrer Tätigkeit, vor allem aber auch ihre „Gewerbefreiheit" stark und unbedingt betonte, hat im Gegensatz zu der (formalrechtlichen) Entwicklung gerade der Post und Eisenbahn einen anderen, dem Staat und der Allgemeinheit keineswegs zum Unsegen gereichenden Weg genommen.

Hierbei ist ein (wirtschaftliches) Monopol auf privatrechtlicher (und selbstverständlich auch privatwirtschaftlicher) Grundlage, ohne gesetzlichen Vorbehalt, ohne Regal entstanden.

Denn die technische und wirtschaftliche Eigenart der öffentlichen Energieversorgung mit den hierfür erforderlichen hohen Kapitalaufwendungen brachte es fast zwangsläufig mit sich, daß die Aufgaben der Energieversorgung innerhalb bestimmter Gebiete (abgesehen von dem innerhalb der gleichen Gebiete bestehenden gegenseitigen „Wettbewerb" — besser: der gegenseitigen Ergänzung — verschiedener Energiearten) nicht von mehreren Unternehmen der gleichen Energieart im Wettbewerb gegeneinander erfüllt wurden[98].

Vielmehr war es durchaus die Regel, daß innerhalb des gleichen Gebietes ein Unternehmen die Versorgung mit einer (vielfach auch, besonders bei in eigener „Regie" betriebenen Versorgungen der Gemeinden, mit beiden Energiearten) ausschließlich ausübte.

c) Die Tatsache, daß hier eine — technisch und wirtschaftlich ebenso notwendige wie gesunde — Zusammenfassung, Konzentrierung, ein Einzelbetrieb, ein Alleinbetrieb entstanden war, so daß sich der Gebietsangehörige auf dieses einzige Unternehmen angewiesen sah, weil er seinen Energiebedarf nicht anders hätte decken können, selbst wenn er es gewollt und versucht hätte; die Tatsache weiter, daß es sich hier um die Vermittlung eines Kulturgutes handelte, das vom Standpunkte des sog. technischen Zeitalters keinen zusätzlichen Luxus, sondern eine dem Zeit-

---

[98] So auch Darge-Melchinger-Rumpf, S. 83/84. Ebenso im nächsten Satze.

und Gebietsgenossen zukommende Wohltat bedeutete, auf die der einzelne berechtigten Anspruch erheben durfte; die Tatsache schließlich, daß letzten Endes der Staat in gewissem Sinne verpflichtet gewesen wäre, seinen Angehörigen zur Erlangung dieses Kulturgutes mindestens behilflich zu sein, hat dreierlei Folgen gezeitigt:

Erstens: Die deutsche Energiewirtschaft befand sich in einer Monopolstellung.

Zweitens: Die deutsche Energiewirtschaft vermittelte öffentliche Kulturgüter.

Drittens: Die deutsche Energiewirtschaft übte eine Tätigkeit aus, für die — gegenüber der zweiten Tatsache — eigentlich die öffentliche Verwaltung, d. h. (seither) der Staat und die öffentlich-rechtlichen Gebietskorporationen zuständig gewesen wären.

d) Diesen Tatsachen hat sich nicht nur die Öffentlichkeit der Versorger, sondern auch die deutsche Rechtswissenschaft[99] und die deutsche Rechtsprechung nicht verschlossen.

Die letztere hatte durch ihre höchste Zivilinstanz, das deutsche Reichsgericht, durch logische Auswertung geltenden Privatrechtes, an das sie gebunden war, ein Verfahren entwickelt, in dem die Rechtsfolgen eines Monopoles bzw. eines Mißbrauches dieses Monopoles konsequent und einwandfrei gezogen wurden[100].

e) Wenn die deutsche Energiewirtschaft öffentliche Kulturgüter ausschließlich vermittelte, deren Betreuung eben als öffentliche Kulturgüter eigentlich bzw. mindestens auch dem Staate zustand, so übte sie — mit Wissen des Staates — öffentliche Verwaltung neben bzw. an Stelle des Staates; und zwar selbstverständlich nicht in den Behörden eigentümlichen sog. bürokratischen Formen, sondern in denjenigen, die der Wirtschaft und der Technik überhaupt und einer bestmöglichen Energieversorgung im besonderen entsprachen.

f) Die im vorstehenden kurz geschilderte Entwicklungsgeschichte und die gegebenen Tatsachen veranlaßten denn auch

---

[99] Vom privatrechtlichen Standpunkte aus Hans Carl Nipperdey in „Stromsperre, Zulassungszwang und Monopolmißbrauch", 1929. — Vom öffentlichrechtlichen Standpunkte aus Friedrich List in „Verwaltungsrecht technischer Betriebe", 1937.

[100] Vgl. hierüber im einzelnen Nipperdey, S. 27.

die Schaffung eines (vorbereitenden) Energiewirtschaftsgesetzes auf den beiden früher geschilderten Grundlagen: der Anerkennung der bestehenden deutschen Energiewirtschaft als Trägerin der öffentlichen Energieversorgung und des Aufsichtsrechtes des Reiches.

g) Somit hat das Gesetz den Grundsatz der Gewerbefreiheit für das Gebiet der öffentlichen Energieversorgung nicht nur nicht nachträglich etwa aufgehoben, dieses Gebiet vielmehr als seitherige Domäne der Gewerbefreiheit ausdrücklich anerkannt, indem der Betrieb der bestehenden Energieversorgungsunternehmen nicht genehmigungspflichtig gemacht wurde. Lediglich die — auf dem heutigen Entwicklungspunkte zudem an außerordentlich enge wirtschaftliche, technische und rechtliche Schranken gebundene — Neuaufnahme der Versorgung anderer mit Gas oder Elektrizität bedarf gemäß § 5 der Genehmigung des Reichswirtschaftsministers.

h) Der (ursprünglichen) Gewerbefreiheit entsprach ursprünglich auch die Vertragsfreiheit (und Parteiengleichheit).

Alsbald aber erfuhr die Vertragsfreiheit und Gleichberechtigung der Versorgten aus technisch und wirtschaftlich notwendigen Gründen eine Einschränkung. Hierüber wird alsbald (unter Ziff. 3) gesprochen werden.

Der letzten Endes auf der tatsächlichen Monopolstellung der Energiewirtschaft beruhenden Beschränkung der Versorgten folgte dann — seither durch höchstrichterliche Rechtsprechung — eine Regelung der Freiheit der Versorgungsunternehmungen, um willkürliche Ausübung der freiwillig übernommenen Versorgungspflicht zu verhindern.

i) Wenn oben (unter b) ausgeführt worden war, daß das (tatsächliche wirtschaftliche) Monopol der deutschen Energiewirtschaft auf rein privatwirtschaftlicher und privatrechtlicher Grundlage ruhe, so ist hier der Ort, anschließend festzustellen, daß diese Tatsache in ihren Wirkungen in das Gebiet des öffentlichen Rechtes hineinstieß.

Dieses wird sich alsbald und vor allem später (unter B) noch erweisen.

3. Schon die Vorgänge beim Abschluß eines Versorgungsvertrages lassen dies erkennen.

a) „Der Versorgungsvertrag kommt ... nicht bereits durch die Einreichung der Anmeldung des ... Abnehmers zustande, sondern diese ist als Vertragsangebot zu werten, und der Vertrag gilt erst als abgeschlossen, wenn das Energieversorgungsunternehmen seine Zustimmung erklärt hat[101]."

Daß Reklameschriften ebensowenig wie Auslagen in den Schaufenstern ein bindendes Vertragsangebot im Sinne des § 145 BGB.[102] sind, vielmehr lediglich als Aufforderungen an die Allgemeinheit anzusehen sind, der Einzelne möchte seinerseits angeregt durch die Auslage oder die Werbeschrift ein Angebot zum Abschluß eines Vertrages machen, steht, mindestens rechtlich, fest.

Ganz anders stellt sich — wenigstens tatsächlich — der Vorgang beim Abschluß eines Versorgungsvertrages dar.

Die Energieversorgungsunternehmungen stellen z. B. „Allgemeine Bestimmungen für die Stromentnahme" oder „Bedingungen für die Lieferung elektrischer Energie" auf. Selbstverständlich sind derartige einseitigen Auslassungen zunächst an „die Allgemeinheit" gerichtet.

Wenn aber ein bestimmter Einzelner sich auf Grund dieser Formulare und unter der ausdrücklichen Anerkennung ihres Inhalts an ein bestimmtes Werk wendet, dann wird er — auch wenn ihm die Nichtverbindlichkeit z. B. von Zeitungsanzeigen bekannt ist — aus Gründen vernünftigen Denkens der Ansicht und Überzeugung sein, daß nun das Werk, das diese Bedingungen ja doch aufgestellt hat, sich ihm gegenüber zu ihnen als Anbietender bekennen und den Wunsch des Einzelnen nach Energieversorgung annehmen wird.

Dem ist in der Rechtswelt der Energiewirtschaft aber nicht so — aus Gründen technischer, wirtschaftlicher und rechtlicher Notwendigkeiten.

Teils durch Übung, teils durch ausdrückliche Bestimmung[103] sind hier die Rollen des (tatsächlich anbietenden, weil Bedin-

---

[101] So Darge-Melchinger-Rumpf, S. 157, d, Abs. 2.

[102] „Wer einem anderen die Schließung eines Vertrags anträgt, ist an den Antrag gebunden, es sei denn, daß er die Gebundenheit ausgeschlossen hat."

[103] So heißt es z. B. in den „Bestimmungen" der Hessischen Eisenbahn-Aktien-Gesellschaft Darmstadt („Heag") dieser Umkehrung entsprechend: „Die Anmeldung zur Stromentnahme ist bei der Heag schriftlich unter Benützung des vorgeschriebenen Anmeldebogens und unter Anerkennung dieser Bestimmungen einzureichen. Die Heag entscheidet endgültig über Annahme des Antrages."

gungen bis ins einzelne setzenden) Werkes und des (diese Bedingungen annehmenden) Stromversorgungsanwärters rechtlich vertauscht[104].

Somit präsentiert der Stromversorgungsanwärter die ihm vom Werk vorher gedruckt ausgehändigten „Bedingungen" dem Werk nunmehr als Inhalt seines „Angebotes", also rechtlich als seine eigenen, und bittet das Werk, ihm doch auf Grund dieser Angebotsbedingungen Strom zu liefern.

Tatsächlich steht hier der Einzelne einem Partner, einer Gewalt gegenüber, die ihn sofort erkennen läßt, daß das, was sich hier abspielt, keineswegs mehr die Vertragsfreiheit und die Parteiengleichheit zur Grundlage hat, weil nämlich der Gegenstand des Vertrages (keineswegs etwa dem Verkehr entzogen, aber) wie eine öffentliche Sache behandelt wird und behandelt werden muß.

b) Gegenstand des Vertrages nämlich ist das, was wir eingangs (insbesondere in § 2 dieser Darstellung) als „elektrische Energie" bzw. als Kraft bezeichnet hatten.

Demgemäß ist der (elektrische) Energieversorgungsvertrag gerichtet auf Zur-Verfügung-Stellung, auf Bereithaltung eines Leistungsvermögens von Kraft, deren sich der sog. Stromabnehmer dann, wann es ihm beliebt und solange es ihm beliebt in bestimmter, stets gleichbleibender Stärke bedienen, die er für sich arbeiten lassen kann, indem er sie durch Einschaltung „auf den Weg bringt[105]".

Dieses Vertragsverhältnis ähnelt in gewissen Beziehungen dem Dienstvertrag, in anderen (z. B. hinsichtlich der Aufrechterhaltung der Spannung) dem Werkvertrag. Daß er mit keinem derselben identisch sein, auch nicht aus beiden zugleich bestehen kann, geht schon daraus hervor, daß das Werk dem Abnehmer keine „Dienste leistet" und das „Werk" ausschließlich in der Aufrechterhaltung der Spannung liegt. „Dienste", Arbeit leistet die

---

[104] Man könnte allerdings auch annehmen, daß sowohl in der Übung als auch sicher in ausdrücklichen Bestimmungen keine Rollenvertauschung liege, sondern eine Ausschließung der Gebundenheit bis zu endgültiger Entschließung gemäß § 145 BGB. in der Ausnahme des Satzes „es sei denn, daß ...".

[105] Zutreffend ist bei Darge-Melchinger-Rumpf (S. 79) ausgeführt, daß der Abnehmer die Möglichkeit hat, im Rahmen der Leistungsfähigkeit seiner Anlage für seinen jeweiligen Bedarf ohne Ankündigung Energie zu entnehmen.

„elektrische Energie“ bzw. die dieser innewohnende Kraft, die das Werk bereitstellt und bereithält.

c) Außer den „Allgemeinen Bedingungen“, von denen oben die Rede war, pflegen die Werke „Allgemeine Tarifpreise“ aufzustellen.

Hierin ist das einzelne Werk an sich und grundsätzlich frei, wie z. B. eine Vergleichung der § 6 Abs. 1 und § 7 beweist[106].

Das Gesetz spricht in § 6 von „allgemeinen Tarifpreisen“ und stellt diese damit in eindeutigen Gegensatz zu Sonderpreisen — nicht etwa zu Sondertarifen, denn Sonder-Tarife stehen ihrerseits im Gegensatz zu Sonderpreisen.

Das Wort „Tarif“ sollte man grundsätzlich niemals zur Bezeichnung individueller Berechnungen anwenden[107].

So werden in diesem Sinne, und damit im Sinne des Gesetzes (z. B. gegenüber § 7 des Gesetzes) die jeweils dem einzelnen Großabnehmer gesetzten bzw. vorgeschlagenen Preise sich nicht als „Tarifpreise“ erweisen.

Wohl aber werden z. B. Preise für Dreschzwecke, also für einen recht eigentlichen Sonderzweck, sich tarifmäßig geregelt finden[108, 109].

---

[106] § 6 Abs. 1: Versorgt ein Energieversorgungsunternehmen ein bestimmtes Gebiet, so ist es verpflichtet, allgemeine Bedingungen und allgemeine Tarifpreise öffentlich bekanntzugeben und zu diesen Bedingungen und Tarifpreisen jedermann an sein Versorgungsnetz anzuschließen und zu versorgen (allgemeine Anschluß- und Versorgungspflicht).

§ 7. Der Reichswirtschaftsminister kann durch allgemeine Vorschriften und Einzelanordnungen die allgemeinen Bedingungen und allgemeinen Tarifpreise der Energieversorgungsunternehmen (§ 6 Abs. 1) sowie die Energieeinkaufspreise der Energieverteiler wirtschaftlich gestalten. Die Entscheidungen des Reichswirtschaftsministers sind für Gerichte und Verwaltungsbehörden bindend.

[107] Bewußt oder unbewußt verwendet man — so wie etwa das eigentlich dem Verwaltungsrecht vorzubehaltende Wort „Gebühr“ — das Wort Tarif gern zur einseitigen (nicht auf Wettbewerb und Vertrag beruhenden) Festsetzung von Berechnungen öffentlicher Leistungen, auch wenn der Leistende keine öffentliche Anstalt oder Behörde im Sinne des Verwaltungsrechts ist, wobei nicht gesagt sein soll, daß das Wort „Tarif“ etwa dem Verwaltungsrecht angehört, ihm etwa gar eigentümlich sei.

[108] So z. B. in den erwähnten Bestimmungen der Heag (s. bei List, S. 135). — Richtig sprechen Darge-Melchinger-Rumpf, S. 159, b, Abs. 1 von „besonderen Tarifen für die Landwirtschaft“.

[109] Hingegen wird sich der wenn auch nicht allzu selten vorkommende Fall (der aber jeweils ein Einzelfall ist), daß zur Herstellung einer An-

Tarifmäßig werden also solche Tatbestände erfaßt, die ständig und gleichmäßig einer bestimmten Allgemeinheit eigentümlich sind, mit denen also fortlaufend und in (wirtschaftlich genügender) gleichzeitig größerer Anzahl gerechnet werden kann.

Das Wort „allgemein" im Gesetz vor „Tarifpreisen" ist also kein wesentlicher Begriffsbestandteil, sondern eine Erklärung zu Tarifpreisen, eben im Gegensatz zu Sonderpreisen.

Diese „allgemeinen" Tarife, sei es für allgemeine Beleuchtungszwecke, sei es z. B. für besondere Kraftzwecke, pflegen als Bestandteil der „allgemeinen" Versorgungsbedingungen und damit des Versorgungsvertrages zu gelten.

Eine Änderung der Tarife bedeutet also auch eine solche des Versorgungsvertrages[110].

4. a) Die Bestimmung des § 6 des Energiewirtschaftsgesetzes findet Anwendung auf Energieversorgungsunternehmungen, die „ein bestimmtes Gebiet" versorgen. Diese gebietsmäßige Aufteilung der Versorgungspflichten unter die einzelnen Versorgungsunternehmungen der deutschen Energiewirtschaft hat sich, wie früher dargelegt, insbesondere aus technischen Gründen geschichtlich entwickelt.

b) Das Gesetz trennt die Betriebspflicht eines Unternehmens in die Pflichten, „jedermann an sein Versorgungsnetz anzuschließen und zu versorgen" und spricht daher von einer „allgemeinen Anschluß- und Versorgungspflicht"[111]. (§ 6 Abs. 1.)

Wenn man gelegentlich betont, daß das Gesetz keine getrennte Anschluß- und Versorgungspflicht kenne, daß also stets nur beides „vereint" verlangt werden könne, und man lesen kann[112], daß

---

schlußleitung zu einem abseits liegenden Anwesen oder zu einem in einsamer Höhe liegenden Landhaus oder Gehöft seitens des Werkes besondere Anlagen errichtet und Aufwendungen gemacht werden müssen, grundsätzlich als ein solcher darstellen, der eine Regelung durch Sonderpreise notwendig macht.

[110] Über den Inhalt der Tarifverträge siehe bei SCHNEIDER, S. 308ff.

[111] Im einzelnen vgl. hierzu: „Betriebspflicht und Zumutbarkeit nach § 6 des Energiewirtschaftsgesetzes", in „Reichsverwaltungsblatt", 1937, Nr. 28, S. 554ff. In jener kleinen Abhandlung ist auf S. 555, Spalte 2, Ziff. 6, Zeile 17—20 insofern ein den Sinn erschwerender Druckfehler enthalten, als in der erstgenannten Zeile vor dem Worte „sei" und in der letztgenannten Zeile hinter dem Worte „Anschluß" je ein Gedankenstrich fehlt.

[112] MÜLLER (s. Fußnote 86), S. 49.

die beiden Ausdrücke „notwendig zusammengehörige Glieder einer unzerreißbaren Kette“ seien, so ist dies an und für sich und für § 6 Abs. 1 gewiß richtig.

In Abs. 2 des gleichen § 6 aber gestattet das Gesetz eine Ablehnung der Betriebspflicht, wenn der Anschluß oder die Versorgung dem Versorgungsunternehmen aus wirtschaftlichen Gründen nicht zugemutet werden kann.

5. Eine besondere Stellung nehmen die Versorgungsverträge ein, wie sie mit demjenigen geschlossen werden, der „selbst eine Energieanlage zur Erzeugung von Elektrizität oder Gas oder eine andere gleichzuachtende Energieerzeugungsanlage betreibt“. (§ 6 Abs. 3.)

Wir stehen hier dem Tatbestand der sog. Eigenanlage gegenüber.

a) Bis zum Erlaß des Energiewirtschaftsgesetzes war es lebhaft umstritten, ob auch gegenüber Besitzern von Eigenanlagen eine Betriebspflicht bestünde. Abgesehen von der Tatsache, daß eine solche Betriebspflicht auf Grund rein privatrechtlicher Betrachtung als (in der Tat) mit den Fundamentalsätzen der Vertragsfreiheit und Parteiengleichheit im Widerspruch stehend von der Unternehmerseite abgelehnt wurde[113], führte man (ebenfalls zutreffende) wirtschaftliche und technische Gegengründe gegen eine Belieferung dieser Anlagen mit „Reserve-“ oder „Zusatzstrom“ an[114].

b) Richtig ist, daß der Besitzer einer Eigenanlage durch deren

---

[113] Der Gedanke einer öffentlichen (und damit im gewissen Sinne öffentlichrechtlichen) Betriebspflicht galt früher nicht und kann sich trotz des Wortlautes des § 6 des Gesetzes und der Tatsache, daß dieses ein Verwaltungsgesetz ist, erst nach und nach Geltung verschaffen, da man, insbesondere bis vor kurzem, die mit solcher Auffassung verbundenen Vorteile übersah.

[114] Reservelieferung liegt dann vor, wenn die Verbrauchsgeräte des Abnehmers wahlweise mit der Eigenanlage oder mit dem Netz entnommener Energie betrieben werden sollen, und zwar praktisch meist in der Weise, daß das Netz nur bei Störungen, Reparaturen usw. der Eigenanlage in Anspruch genommen wird.

Bei der Zusatzlieferung soll regelmäßig nur ein Teil der insgesamt benötigten Energie dem Netz entnommen werden, sei es z. B. bei Überschreitung der Leistungsfähigkeit der Eigenanlage, sei es, daß diese in der Nachtzeit stillgelegt werden soll usw. (Nach Schneider, S. 373.)

Errichtung zu erkennen gibt, daß er gegenüber dem sog. öffentlichen Netz unabhängig sein möchte[115].

Ebenso zutreffend ist, daß er gegenüber dem für ihn zuständigen Versorgungsunternehmen eine völlig andere Stellung einnimmt als der normale Stromabnehmer. Denn der Besitzer einer Eigenanlage richtet, wenn er sog. Reserve- oder Zusatzstrom vom öffentlichen Versorgungsunternehmen verlangt, gegebenenfalls Ansprüche an das grundsätzlich (in seinen Anlagen und Tarifen) auf laufenden und gleichmäßigen Bezug eingestellte Werk, die letzten Endes eine Abwälzung des Risikos und der Lasten einer eigenen Reservemaschine auf das öffentliche Unternehmen bedeuten.

Deshalb konnte schon vor Geltung des § 6 des Gesetzes, selbst wenn man eine Lieferpflicht grundsätzlich auch gegenüber einer Eigenanlage im Einzelfalle bejahte, der Besitzer derselben keinesfalls sich auf die allgemeinen Bedingungen, insbesondere nicht auf die allgemeinen Tarifpreise berufen.

Denn wenn ein Fall Sonderpreise (nicht etwa einen Sondertarif) erheischt, dann der Tatbestand der Eigenanlage, der jedesmal ein anderer ist, also jedesmal einen eigenen, einen individuellen Versorgungsvertrag erfordert.

c) Das Energiewirtschaftsgesetz hat in § 6 Abs. 3 den Versorgungsvertrag mit Besitzern von Eigenanlagen genau und endgültig geregelt, und zwar in einer Weise, die nicht nur der Billigkeit, sondern auch der schon seither vernünftigerweise vertretenen Rechtsanschauung entspricht.

Demgemäß besteht (worüber unter B näheres gesagt werden wird) die Betriebspflicht grundsätzlich auch zugunsten einer

---

[115] Nicht richtig wäre allerdings die Annahme, die Eigenanlage mache auf Grund der Gewerbefreiheit den öffentlichen Energieversorgungsunternehmen Konkurrenz.

Denn einmal ist Selbstversorgung kein Gewerbe (z. B. die Benutzung eines eigenen Wagens und nicht der Eisenbahn oder eines behördlichen oder gewerblichen Autobus), zum anderen macht der Eigenversorger ja dem zuständigen öffentlichen Versorgungsunternehmen ja nicht Konkurrenz, weil er ja nicht andere mit Strom versorgt.

Allerdings kann eine Eigenanlage insofern ein rein pekuniärer Nachteil für das öffentliche Werk sein, als dieses mehr verdienen würde, wenn der Besitzer der Eigenanlage statt diese zu errichten, sich dem öffentlichen Netz angeschlossen hätte.

Eigenanlage. Die Modifikationen gegenüber den Regelfällen sind, wie alsbald (unter Ziff. V) dieser Darstellung ausgeführt werden wird, rein prozessualer Art.

d) Weitere rechtliche Erörterungen über die Besonderheiten der vertraglichen Beziehungen zwischen einem Versorgungsunternehmen und einer Eigenanlage erübrigen sich vor allem auch durch das vom Gesetz eingeführte, hervorragend wichtige und wirkende Ventil der „Zumutbarkeit", eines Begriffes, der wie kaum ein zweiter den Fundamentalsatz „Gemeinnutz vor Eigennutz" zur Grundlage hat.

Diesem Begriffe der Zumutbarkeit gilt die folgende Untersuchung.

V. So sei dieser Begriff der Zumutbarkeit aus der Darstellung des im nächsten Kapitel (B) endgültig behandelten § 6 des Gesetzes vorweggenommen[116].

„Die allgemeine Anschluß- und Versorgungspflicht besteht nicht:

Wenn der Anschluß oder die Versorgung dem Versorgungsunternehmen aus wirtschaftlichen Gründen, die auch in der Person des Anschlußnehmers liegen können, nicht zugemutet werden kann." (§ 6 Abs. 2 Ziff. 1.)

„Wer selbst eine Energieanlage zur Erzeugung von Elektrizität oder Gas oder eine andere gleichzuachtende Energieerzeugungsanlage betreibt, kann sich für das Grundstück, auf dem die Anlage sich befindet, und für andere Grundstücke, die von der Anlage aus versorgt werden können, nicht auf die allgemeine Anschluß- und Versorgungspflicht nach Abs. 1 berufen. Er kann aber Anschluß und Versorgung in dem Ausmaß und zu Bedingungen verlangen, die dem Energieversorgungsunternehmen wirtschaftlich zumutbar sind." (§ 6 Abs. 3 Satz 1 und 2.)

1. Diese Bestimmungen enthalten außer der Einführung des Begriffes der „Zumutbarkeit" auch eine bedeutsame Regelung der Beweislast.

a) Der Nachweis der Nicht-Zumutbarkeit im Falle des § 6

---

[116] Vgl. hierzu nochmals „Betriebspflicht und Zumutbarkeit nach § 6 des Energiewirtschaftsgesetzes", in „Reichsverwaltungsblatt", 1937, Nr. 28, S. 554ff. Ferner: „Über den Begriff der Zumutbarkeit", in „Baupolizeiliche Mitteilungen", 1937, Heft 6, S. 64ff.

Abs. 2 Ziff. 1 obliegt dem Versorgungsunternehmen. Dieses allein vermag die Zumutbarkeit zu beurteilen, dieses hat im öffentlichen Interesse Stromabnehmer fernzuhalten, die durch Anschluß bzw. Versorgung oder aus persönlichen Gründen das Unternehmen und damit die öffentliche Energieversorgung schädigen würden.

b) Wer selbst eine Energieanlage betreibt, muß, wenn er Anschluß und Versorgung sucht, seinerseits beweisen, daß dies dem Unternehmen zumutbar ist.

c) Somit lehnt das Gesetz keineswegs etwa grundsätzlich eine Betriebspflicht gegenüber Eigenanlagen ab, vielmehr enthält und bedeutet Abs. 3 lediglich eine Umkehrung der Beweislast gegenüber der Regel des Abs. 2.

Denn: Während bei allen irgendwie möglichen und denkbaren Schwierigkeiten für ein Versorgungsunternehmen dieses die Ablehnung seiner gesetzlich an sich gegebenen Betriebspflicht begründen muß, bürdet § 6 Abs. 3 die (hier und für einen Laien sehr schwierige) Erfüllung der Beweislast dem Besitzer der Eigenanlage auf. Dieser hat, wenn er Anschluß und Versorgung beansprucht, zu beweisen, daß, in welchem Ausmaß und unter welchen Bedingungen die Erfüllung der Betriebspflicht ihm gegenüber dem zuständigen Energieversorgungsunternehmen „wirtschaftlich zumutbar" ist[117].

---

[117] Noch eine andere wichtige Beweislastregelung und Umkehrung der Beweislast findet sich beim Tatbestand der Eigenanlage.

§ 5 Abs. 2 bestimmt zunächst: „Vor der Errichtung oder Erweiterung einer Energieanlage zur Erzeugung von Elektrizität oder Gas, die zur Deckung des Eigenbedarfs bestimmt ist, hat der Unternehmer dem Energieversorgungsunternehmen, welches das Gebiet, in dem die Anlage errichtet werden soll, mit Energie versorgt, hierüber Mitteilung zu machen."

Und § 6 Abs. 2 Ziff. 2 schließt die allgemeine Anschluß- und Versorgungspflicht aus, wenn „der Anschlußnehmer die Mitteilung nach § 5 Abs. 2 unterlassen hat, es sei denn, daß die Mitteilung ohne sein Verschulden unterblieben oder seit Errichtung oder Erweiterung der Energieerzeugungsanlage ein Zeitraum von 10 Jahren verstrichen ist."

Demgemäß obliegt der Nachweis der unterlassenen Mitteilung dem Unternehmen, während (entsprechend der Regel, daß, wer sich auf einen Satz stützt, der mit „es sei denn, daß" beginnt, den Inhalt dieses Satzes zu beweisen hat) der Nachweis, daß diese Mitteilung ohne Verschulden unterblieben, oder daß seit Errichtung oder Erweiterung der Eigenanlage 10 Jahre verflossen sind, vom Anschlußsuchenden zu führen ist.

2. Der materielle Sinn der führenden Stellung des Begriffes der „Zumutbarkeit“ aber ist der folgende:

a) Die Zumutbarkeit ist kein individualistisches Schutzmittel zugunsten privatwirtschaftlicher kapitalistischer Belange, sondern hat als Ausgangspunkt und zum Zweck: die gesetzlich anerkannte Tatsache, daß die deutsche Energiewirtschaft „öffentliche Energieversorgung“ (§ 2 Abs. 2) betreibt.

Die Tätigkeit, welche die deutsche Energiewirtschaft „als wichtige Grundlage des wirtschaftlichen und sozialen Lebens im Zusammenwirken aller beteiligten Kräfte der Wirtschaft und der öffentlichen Gebietskörperschaften“ „einheitlich“ „durch Einsatz der Energiearten“ volkswirtschaftlich nützlich und so sicher und billig wie möglich unter der Aufsicht und unter dem Schutze des Reichswirtschaftsministers ausübt, liegt im „Interesse des Gemeinwohls“.

Was daher der deutschen Energiewirtschaft schädlich ist, ist nicht gemeinnützig und deshalb auch dem einzelnen Versorgungsunternehmen nicht zumutbar.

b) Durch das gesetzliche Ventil der Zumutbarkeit sind die Energieversorgungsunternehmen aber nicht nur gegen ihnen wirtschaftlich im Einzelfall schädliche Folgen geschützt, sondern sie haben auch — und zwar pflichtgemäß in dem von ihnen zugleich vertretenen öffentlichen Interesse — Nachteile auf lange Sicht zu vermeiden, die einer ordentlichen Betriebsführung erkennbar sind.

So muß eindeutig vom Standpunkte (hier nicht nur der Wirtschaft, sondern) der Rechtswissenschaft, d. h. des „Gesetzes“, des richtigen und gerechten Rechtes, d. h. heute: der Allgemeinheit, also des Volkes, festgestellt werden, daß ein Unternehmen ein im Einzelfall noch so vorteilhaftes (auf den ersten Blick und für den Augenblick scheinbar sehr „zumutbares“) Angebot eines gemäß § 6 Abs. 3 Satz 2 beweispflichtigen Eigenerzeugers nicht nur ablehnen darf, sondern im Interesse der Öffentlichkeit ablehnen muß, wenn — sei es z. B. durch die Entwicklung dieses eigenerzeugenden Werkes, sei es z. B. durch weiter folgende bzw. zu erwartende Ansprüche anderer Eigenerzeuger auf Anschluß und Versorgung — Gefahren für die deutsche öffentliche Energieversorgung in all ihren Auswirkungen nicht erst bestehen, sondern vorerst nur drohen.

Denn solchenfalls wird kein „privater Gewerbebetrieb“ in seinem „Gewinn“ geschützt, sondern hier gilt die Pflicht des Unternehmens und der Schutz der staatlichen Gerichte der öffentlichen, der „öffentliche Verwaltung“ im Interesse der Allgemeinheit führenden deutschen Energiewirtschaft.

3. Durch den Begriff der Zumutbarkeit wird gegebenenfalls jeweils auch ein privatrechtlich organisierter und genutzter Betrieb der Energiewirtschaft bei Erfüllung seiner Betriebspflicht im öffentlichen Interesse geschützt.

Insofern vermählt dieser Begriff Privatrecht und öffentliches Recht, die beide ausgerichtet sein sollen auf ein und denselben Zweck: den Gemeinnutz; erhebt dieser Begriff den Tatbestand und die Tätigkeit eines öffentlichen Energiebetriebes in das Reich des Gemeinschaftsrechtes, eines Gemeinrechtes[118].

---

[118] Nicht nur im Sinne dieser Gedankengänge, sondern zum Besten einer die Energieversorgung bestmöglichst und zur Erfüllung ihrer Pflichten schlagkräftig gestaltenden Energiewirtschaft habe ich (wie in der Vorbemerkung zu meinem Büchlein „Verwaltungsrecht technischer Betriebe“ zu lesen steht) viele Jahre vor der nationalsozialistischen Machtübernahme von einem „dritten Rechtsreich“ gesprochen, „das von dem Gedanken einer Verbindung des privaten mit dem öffentlichen Recht beherrscht sein müsse“.

Damit dieser Satz und der Begriff des dritten „Rechtsreiches“ weder von Nichtjuristen, noch aber auch von Fachgenossen mißverstanden werde, sei hier folgendes dazu bemerkt:

1. Selbstverständlich ist die Prägung dieses Begriffes in Anlehnung an die durch Ziff. 19 des Programmes der NSDAP. geforderte Entwicklung erfolgt.

2. Ich habe aber seit Jahren vorzutragen mich bemüht, daß das Recht der Technik außerhalb der (früher) starren Grenzen zwischen privatem und öffentlichem Recht bereits marschiere.

3. Das heißt: Ich hatte dargetan — und habe dies in meinem erwähnten Büchlein zum Teil niedergelegt —, daß (wenigstens für die Technik und vor der Machtübernahme) ein neues Rechtsreich gar nicht erst geschaffen zu werden brauche.

4. Dieser Gedankengang hat — wenn man ihn nicht mißversteht, sondern ihm folgt — aber zur weiteren notwendigen Konsequenz, daß es zur Auswertung aller der Technik bereits nach geltendem Recht zur Verfügung stehender Rechtsinstitute eben nicht erst eines Umweges über ein neues Rechtsreich bedürfe.

5. So habe ich mir schließlich auch nie angemaßt, in meinem Büchlein neues Recht selbst geschaffen, gar ein „drittes Rechtsreich“ erst eingeleitet zu haben, sondern ich habe durch meine Darstellung bewiesen, daß im Recht der Technik eine Vermählung der Rechtsinstitute des privaten und

B. Die verwaltungsrechtlichen Möglichkeiten.

I. Die verwaltungsrechtlichen Möglichkeiten für die Benutzung von öffentlichen oder privaten Grundstücken haben in § 4 dieser Darstellung bereits ihre Behandlung gefunden.

II. Verwaltungsrecht greift selbstverständlich, unmittelbar und ausschließlich da Platz, wo der Staat, eine Gemeinde oder eine sonstige öffentlichrechtliche Gebietskorporation Energiewirtschaft im Rahmen einer öffentlichen Anstalt betreibt[119].

1. Öffentliche Anstalt im Sinne des deutschen Verwaltungsrechtes bedeutet einen Bestand von Personen und sachlichen sowie rechtlichen Mitteln, die in der Hand eines Trägers öffentlicher Verwaltung zu einer Einheit zusammengefaßt sind, um einem besonderen und bestimmten öffentlichen Zwecke dauernd zu dienen.

a) Das Gesetz hat zur Erfüllung öffentlicher Verwaltungsaufgaben einen besonderen Apparat von Verwaltungsämtern und Verwaltungsbehörden[120] geschaffen und organisiert.

So wird z. B. die öffentliche Anstalt als Teil der öffentlichen Verwaltung entweder vom Staate oder einem anderen öffentlichrechtlichen Verband ins Leben gerufen.

b) Die der öffentlichen Verwaltung notwendiger- und natürlicherweise innewohnende öffentliche Gewalt, die einerseits dazu dient, den ordentlichen Lauf jeder Verwaltungstätigkeit zu regeln

---

insbesondere Vertragsrechtes mit denen des öffentlichen, insbesondere des Verwaltungsrechtes bereits nach geltendem Recht möglich ist.

6. Allerdings hat sich die Praxis der deutschen Energiewirtschaft bisher noch keineswegs genügend, geschweige denn erschöpfend der öffentlichrechtlichen Rechtsinstitute und Hilfsmittel bedient.

7. Daß dies verständlich und begründet war, dürfte aus dieser Darstellung hervorgehen; wie dies künftig anders und besser erreicht werden könnte, dies anzudeuten ist einer ihrer Hauptzwecke.

[119] Das Anstaltsrecht hat, auch vom Standpunkte der Energiewirtschaft, seine eingehende und abschließende Schilderung gefunden in List, Verwaltungsrecht technischer Betriebe, an den dort in der Inhaltsüberschrift und im alphabetischen Verzeichnis genauer zu ersehenden Stellen.

[120] Amt ist ein abgegrenzter Kreis von öffentlichen Geschäften, die auf Grund öffentlicher Dienstpflicht verrichtet werden.

Behörden sind amtliche Geschäftsstellen des Staates oder eines anderen öffentlichrechtlichen Verbandes, die bestimmte und begrenzte öffentliche Verwaltungsaufgaben zu erfüllen haben und dabei staatliche Hoheitsrechte ausüben können.

und zu gewährleisten, anderseits Störungen der guten Ordnung sofort und selbst abzuwehren, äußert sich im Rahmen der öffentlichen Verwaltungstätigkeit einer öffentlichen Anstalt als Anstaltsgewalt (im weiteren Sinne), die sich (wie man seither sich auszudrücken pflegte) entweder als Anstaltsgewalt im engeren Sinne oder als Anstaltspolizei darstellt.

Die Anstaltsgewalt im engeren Sinne gibt, beaufsichtigt, leitet, ändert und schützt die Ordnung und die Arbeit einer öffentlichen Anstalt.

Jeder, der amtlich (freiwillig oder unfreiwillig) mit einer öffentlichen Anstalt zu tun bekommt, tritt in ihren Bannkreis, in ihr Gewaltverhältnis (Anstellung als Beamter oder Einstellung als Angestellter, Einziehung als Wehrmachtsangehöriger, Aufnahme in ein öffentliches Krankenhaus, Eintritt in eine öffentliche Schule, Entleihung eines Buches aus einer öffentlichen Bibliothek usw.).

Während sich diese Anstaltsgewalt im engeren Sinne nur gegen Anstaltszugehörige, d. h. solche Personen richtet, die sich in die Gewalt der öffentlichen Anstalt begeben haben, richtet sich das, was man Anstaltspolizei nennt, grundsätzlich gegen Außenstehende, welche die gute Ordnung der öffentlichen Anstalt stören (z. B. Eindringlinge versuchen oder begehen ruhestörenden Lärm in Anstaltsräumen).

c) Die Zusammenfassung der Regeln, nach denen eine öffentliche Anstalt lebt, wird vom Verwaltungsträger oder (kraft ausdrücklicher oder selbstverständlicher Übertragung) vom Anstaltsleiter aufgestellt und in üblicher Weise bekannt gemacht als Anstaltsordnung.

Sie entsteht und gilt einseitig, d. h. ohne irgendeine vertragliche Abmachung, und zwar nicht nur für die Beamten und Angestellten (Dienstvorschriften), sondern für jeden, der in den Rechtsbereich der öffentlichen Anstalt eintritt, mag er sie gekannt und gebilligt haben oder nicht.

Insbesondere pflegt die Anstaltsordnung auch das Nutzungsverhältnis zu regeln.

2. Das Nutzungsverhältnis des Einzelnen gegenüber einer nutzbaren öffentlichen Anstalt im Sinne des deutschen Verwaltungsrechts ist kein Vertragsverhältnis, kommt demgemäß auch nicht durch Abschluß eines Vertrages, d. h. wiederum: nicht durch Antrag und Annahme eines Antrages zustande.

Aber nicht nur die Form des Vertrages ist hier verlassen, sondern auch die für ein Vertragsverhältnis typische Parteiengleichheit und die auf ihr beruhenden gegenseitigen Rechte.

Privatrechtlich geordnete Leistungen beginnen damit, daß durch Vertrag ein Rechtsanspruch auf sie begründet wird, der notfalls vor den sog. ordentlichen Gerichten als Klage geltend gemacht werden kann.

Bei der Anstaltsnutzung tritt sofort das der öffentlichen Anstalt eigene öffentliche Recht in Erscheinung.

a) Auch wenn die öffentliche Anstalt dem Einzelnen Vorteile gewährt, geschieht dies nicht in der Begründung und Gewährung eines Rechts, wenn auch der tatsächliche Vorgang scheinbar bzw. bei unrichtiger Betrachtung sich so darstellt.

Denn die öffentliche Anstalt greift nicht von selbst ein, um ihre Nutzung im Einzelfall zu gewähren, sondern wartet auf die Anregung dessen, der ihrer bedarf, oder eines für diesen Handelnden.

In diesem Sinne zeigt sich die öffentliche Anstalt wie eine große Maschine, die der Einzelne dadurch gewissermaßen in Betrieb setzt, daß er der öffentlichen Anstalt Gelegenheit gibt, ihrerseits pflichtgemäß tätig zu werden.

b) Die Anstaltsordnung bestimmte ja einseitig die Voraussetzungen, unter denen die Anstalt sich als ordnungsmäßig berufen anzusehen hat, sowohl was den Gegenstand ihres Tätigwerdens anlangt, als auch nach der Art, wie darum nachgesucht worden ist.

Die Darbietung solcher tatsächlichen Voraussetzungen, die ihre Leistungen herausfordern sollen, ist die Inanspruchnahme der Anstaltsnutzung; und die Bejahung, daß sie hier pflichtgemäß ihre Nutzungen zu gewähren haben wird, ist die Zulassung zur Anstaltsnutzung.

Eine Verwechslung dieser Vorgänge mit Angebot und Annahme als Bestandteile und Voraussetzungen eines Vertrages erscheint nunmehr ausgeschlossen und unmöglich.

c) Die Inanspruchnahme kann erfolgen in einer Willenserklärung unter Erfüllung bestimmter vorgeschriebener Formen. Sehr oft genügen, um eine Anstaltstätigkeit zu bewirken, ganz formlose Vorgänge, so z. B. der in den Postbriefkasten geworfene Brief.

d) Die öffentliche Anstalt gewährt die Zulassung weder

blindlings, noch wird sie dieselbe willkürlich, d. h. ohne sachliche, zumeist ihr vorgeschriebene Gründe verweigern.

Vielmehr werden die Beamten und Angestellten der öffentlichen Anstalt prüfen, ob die Voraussetzungen der Nutzungsgewährung im Einzelfall vorliegen.

e) Für die zur Nutzung Entschlossenen, gar auf dieselbe Angewiesenen ist es wichtig, ob sie auf die Leistungen der öffentlichen Anstalt rechnen können oder nicht.

Würde der Einzelne hier einem privatrechtlichen gewerblichen Unternehmen gegenüberstehen, dann würde er sich bei der bestehenden Vertragsfreiheit beider Parteien als völlig im Stiche gelassen sehen. Bei den öffentlichen Anstalten aber tritt zugunsten der die Allgemeinheit bildenden und sie gewissermaßen vertretenden Einzelnen kraft der öffentlichen Dienstpflicht der öffentlichen Anstalt eine feste Gebundenheit für die letztere ein, auf die sich der Nutzung Suchende verlassen kann.

Diese Gebundenheit der öffentlichen Anstalt, deren Reflexe wie „Rechte" der Einzelnen erscheinen, beruht entweder auf der Anstaltsordnung und ergänzenden Dienstanweisungen oder auf besonderem Gesetz.

f) Nicht wesentlich für das Rechtsinstitut der öffentlichen Anstalt ist ein rechtlicher Benutzungszwang.

Niemand ist z. B. gezwungen, Bücher auf einer Staatsbibliothek zu leihen — trotzdem bildet dies den typischen Fall einer öffentlichen Anstalt.

Anderseits bedeutet der sog. Postzwang den ebenfalls typischen Fall eines verwaltungsrechtlichen, zudem gesetzlich verankerten Benutzungszwanges.

g) Eine natürliche Begleiterscheinung der Anstaltsnutzung ist die vom Herrn der öffentlichen Anstalt begehrte und an ihn zu entrichtende Gebühr.

Sie entspricht, auch wenn sie kein der Leistung entsprechendes Entgelt ist, ebenso der Übung des Verwaltungsrechtes wie dem vernünftigen und gemeinnützigen Billigkeitsgedanken, daß derjenige, der besondere Vorteile auf Kosten des Gemeinwesens bezieht, diesem eine angemessene Vergütung im Sinne einer Entschädigung der Allgemeinheit schuldet.

Die öffentlichrechtliche Gebühr kann als solche im Verwaltungszwangsverfahren beigetrieben werden.

3. Für die öffentliche Anstalt als ein Stück öffentlicher Verwaltung ist die öffentlichrechtliche Organisations- und Nutzungsordnung als das Natürliche und insofern Nächstliegende anzusehen.

So wie bei der rechtlichen Behandlung ihres Eigentums hat aber auch bei Errichtung und beim Betrieb eines Unternehmens der Staat oder ein anderer öffentlichrechtlicher Verband es in der Hand, ob er zwar eine öffentliche Anstalt errichten (organisieren), diese aber privatrechtlich nutzen lassen will.

Ja, den öffentlichrechtlichen Verbänden ist es unbenommen, diejenigen Güter und Vorteile, die sie ihren Gewaltunterworfenen pflichtgemäß zu vermitteln haben, in einem Privatbetrieb auf rein privatrechtliche Weise nutzen zu lassen.

Dann aber kann naturgemäß von einer öffentlichen Anstalt nicht mehr die Rede sein, vielmehr findet solchenfalls alles auf dem Boden des Privatrechtes statt, wie wenn man mit einem Privatmanne des bürgerlichen Rechtes in Rechtsbeziehungen stände[121].

III. 1. a) § 2 DGO. bestimmt:

„(1) Die Gemeinden sind berufen, das Wohl ihrer Einwohner zu fördern und die geschichtliche und heimatliche Eigenart zu erhalten.

(2) Die Gemeinden haben in ihrem Gebiet alle öffentlichen Aufgaben unter eigener Verantwortung zu verwalten, soweit die Aufgaben nicht nach gesetzlicher Vorschrift anderen Stellen ausdrücklich zugewiesen sind oder auf Grund gesetzlicher Vorschrift von anderen Stellen übernommen werden[122]."

b) § 17 DGO., der erste Paragraph des Teiles „Einwohner und Bürger", bestimmt weiterhin:

„(1) Die Einwohner sind nach den hierüber bestehenden Vorschriften berechtigt, die öffentlichen Einrichtungen der Ge-

---

[121] Mit der sehr wichtigen, bei Behandlung des § 17 Abs. 2 der Deutschen Gemeindeordnung (DGO.) alsbald zu erwähnenden Ausnahme (siehe III, 2, b).

[122] Für den letzteren Fall vermag § 67 Abs. 1 der DGO. selbst Ausnahmen zu veranlassen: „Die Gemeinde darf wirtschaftliche Unternehmen nur errichten oder wesentlich erweitern, wenn 1. der öffentliche Zweck das Unternehmen rechtfertigt, 2. das Unternehmen nach Art und Umfang in einem angemessenen Verhältnis zu der Leistungsfähigkeit der Gemeinde und zum voraussichtlichen Bedarf steht, 3. der Zweck nicht besser und wirtschaftlicher durch einen anderen erfüllt wird oder erfüllt werden kann."

meinde zu benutzen, und verpflichtet, die Gemeindelasten zu tragen.

(2) Grundbesitzer und Gewerbetreibende, die nicht in der Gemeinde wohnen, sind in gleicher Weise berechtigt, die öffentlichen Einrichtungen zu benutzen, die in der Gemeinde für Grundbesitzer oder Gewerbetreibende bestehen, und verpflichtet, für ihren Grundbesitz oder Gewerbebetrieb im Gemeindegebiet zu den Gemeindelasten beizutragen.

(3) Diese Vorschriften gelten entsprechend für juristische Personen und Personenvereinigungen."

2. Der öffentlichen Versorgung des Gemeindegebiets mit Energien, vor allem mit Gas oder elektrischer Energie, hatten sich die Gemeinden schon und insbesondere vor Geltung der am 1. April 1935 in Kraft getretenen Deutschen Gemeindeordnung angenommen.

Schon damals hatten die Gemeinden erkannt und durch Errichtung entsprechender Unternehmen kundgetan, daß die öffentliche Energieversorgung durchaus zur Erfüllung ihrer „öffentlichen Aufgaben" gehöre.

Dies geschah teils durch Errichtung öffentlicher Anstalten, sei es mit öffentlichrechtlichem, sei es mit privatrechtlichem Nutzungsverhältnis, teils durch reine privatrechtliche Betätigung, sei es in einem eigenen privatrechtlichen Betrieb, sei es durch Beteiligung an einer Gesellschaftsform des Privatrechtes, z. B. einer Aktiengesellschaft.

a) Der einzelne Gemeindeangehörige steht zu seiner Gemeinde, die eine Gebietskorporation des öffentlichen Rechts ist, in seiner bloßen Eigenschaft als Gemeindeangehöriger, ohne besondere dahin gerichtete Abmachungen irgendwelcher Art, auch nicht notwendigerweise auf Grund eines besonderen Gesetzes, in einem öffentlichrechtlichen Rechtsverhältnis.

Kraft dieses Rechtsverhältnisses ist der einzelne Gemeindeangehörige zur Teilnahme an allen öffentlichen Veranstaltungen der Gemeinde, insbesondere an den öffentlichen Unternehmungen, und da wieder zunächst und vor allem an allen gemeinnützigen Unternehmen berechtigt.

Wird er ohne Grund davon ausgeschlossen, dann liegt eine Pflichtverletzung der Gemeinde vor, und deshalb, nicht auf Grund eines eigenen eigentlichen „Rechtes", kann er im öffentlichrechtlichen Wege dagegen vorgehen.

b) Diese Möglichkeit, mit Hilfe der Vorstellung, der Beschwerde, gegebenenfalls in einem besonderen Verwaltungsstreitverfahren gegen pflichtwidrige Nutzungsverweigerung vorzugehen, steht dem Gemeindeangehörigen aber auch dann offen, wenn die Gemeinde eine ihrer öffentlichen Aufgaben, z. B. die Versorgung mit Wasser und Licht, mit Mitteln des Privatrechtes erfüllt. Denn das öffentlichrechtliche Band zwischen der Gemeinde und dem einzelnen Gemeindeangehörigen bleibt durch die von der Gemeinde frei bestimmbare Form ihrer Pflichterfüllung unberührt.

Demgemäß besteht gegebenenfalls ein öffentlichrechtlicher Anspruch des Gemeindeangehörigen auf Abschluß eines privatrechtlichen Versorgungsvertrages.

Auch hier stehen wir vor einer auf den Zweck, d. h. nämlich den Gemeinnutz ausgerichteten harmonischen Vereinigung von Rechtsinstituten des öffentlichen Rechtes und des Privatrechts.

3. „Wird ein Energieversorgungsunternehmen nach § 17 der Deutschen Gemeindeordnung als öffentliche Einrichtung einer Gemeinde (eines Gemeindeverbandes) betrieben, so finden im Streitfall über die Anschluß- und Versorgungspflicht (Absätze 1—3) die Verfahrensvorschriften der §§ 29 und 30 der Deutschen Gemeindeordnung[123] Anwendung; auf Antrag einer Partei entscheidet das Verwaltungsgericht auch über Ausmaß und Bedingungen von Anschluß und Versorgung, die nach Abs. 3 Satz 2 dem Energieversorgungsunternehmen zumutbar sind.“ (§ 6 Abs. 5 des Energiewirtschaftsgesetzes.)

IV. 1. „Versorgt ein Energieversorgungsunternehmen ein bestimmtes Gebiet, so ist es verpflichtet, allgemeine Bedingungen und allgemeine Tarifpreise öffentlich bekanntzugeben und zu diesen Bedingungen und Tarifpreisen jedermann an sein Versorgungsnetz anzuschließen und zu versorgen (allgemeine Anschluß- und Versorgungspflicht).“ (§ 6 Abs. 1.)

2. „Energieversorgungsunternehmen im Sinne dieses Gesetzes sind ohne Rücksicht auf Rechtsformen und Eigentumsverhältnisse alle Unternehmen und Betriebe, die andere mit elektrischer Energie oder Gas versorgen oder Betriebe dieser Art verwalten (öffentliche Energieversorgung). Unternehmen und Betriebe, welche nur teilweise oder im Nebenbetrieb öffentliche Energie-

[123] Abgedruckt in § 7, III, 4 dieser Darstellung.

versorgung betreiben, gelten insoweit als Energieversorgungsunternehmen. Der Reichswirtschaftsminister entscheidet endgültig darüber, ob und inwieweit ein Unternehmen ein Energieversorgungsunternehmen im Sinne dieses Gesetzes ist." (§ 2 Abs. 2.)

3. Eine Pflicht zur „öffentlichen Bekanntgabe" „allgemeiner" Bedingungen und „allgemeiner" Tarifpreise setzt eine Festsetzung solcher Bedingungen und Tarifpreise voraus[124].

a) Das Verhältnis zwischen öffentlicher Bekanntgabe und allgemeinen Bedingungen und Tarifpreisen ist ebenso eng wie klar. Öffentlich bekanntgegeben werden selbstverständlich nur solche Bedingungen und Tarifpreise, welche eine mehr oder minder große Öffentlichkeit interessieren; wenn es sich eben nicht um Sonderpreise für jeweils einzeln entstehende, jeweils voneinander verschiedene Individualleistungen handelt, sondern wenn sich die Versorgungsunternehmen an die Allgemeinheit wenden, deren verschiedene Gruppen sie in ihren „allgemeinen" Bedingungen und Tarifpreisen berücksichtigt haben.

b) Diese Berücksichtigung geschieht durch Festsetzung der Bedingungen und Tarifpreise einerseits auf Grund technischer und wirtschaftlicher Notwendigkeiten, anderseits auf Grund von Erfahrung und Wahrscheinlichkeit.

c) Wird in allgemeinen Bedingungen und Tarifen vorgesehen, daß beim Vorliegen besonderer Umstände die Versorgung von weitgehenden Bedingungen und anderen, zumeist höheren Tarifpreisen abhängig gemacht werden kann, dann wird durch solche Bestimmungen allein weder die Bereitwilligkeit des Unternehmens zu Sondertarifen, noch die Verpflichtung des Antragstellers zu Sonderpreisen festgelegt.

d) Sondertarife (in dem früher behandelten Sinne), d. h. Zahlungsbestimmungen für laufend wiederkehrende Gruppen bestimmter Energieversorgungsanwärter, müssen öffentlich bekanntgemacht, also vorher festgesetzt werden.

Dies ergibt sich aus der nunmehr zu betrachtenden öffentlichen Betriebspflicht.

---

[124] Über die privatrechtliche Bedeutung der Bedingungen und Tarifpreise und die verschiedenen Arten der Tarife sowie den Unterschied zwischen Sondertarifen und Sonderpreisen wurden bereits früher Ausführungen angestellt.

4. Der von mir in meinem Buche „Verwaltungsrecht technischer Betriebe“ aufgestellte Begriff einer allgemeinen und öffentlichen Betriebspflicht bildet dort ein bewußtes Seitenstück zur öffentlichrechtlichen Dienstpflicht der Behörden und öffentlichen Anstalten.

In ihm ist die Doppelpflicht des Energiewirtschaftsgesetzes, die „allgemeine Anschluß- und Versorgungspflicht“ eingeschlossen.

a) Bereits vor Geltung des Energiewirtschaftsgesetzes findet sich dieses Wort in einem entsprechenden Sinne in einer einschlägigen Abhandlung aus dem Jahre 1930[125].

b) Die Betriebspflicht der die öffentliche Energieversorgung betreibenden Unternehmungen ist eine gesetzliche, eben eine durch § 6 des Gesetzes aufgestellte bzw. anerkannte.

Das Unternehmen, das öffentliche Energieversorgung führt, „ist verpflichtet, . . . jedermann an sein Versorgungsnetz anzuschließen und zu versorgen“.

c) Die Betriebspflicht ist bei Versorgungsbetrieben, die ihrer Versorgungspflicht durch Erfüllung privatrechtlicher Verträge zu genügen pflegen, gerichtet auf Abschluß eines privatrechtlichen Versorgungsvertrages, wie ihn die (privatrechtliche) Praxis der deutschen Energiewirtschaft im freien Spiel ihrer Kräfte entwickelt hat, und wie er von dem Versorgungsunternehmen kraft § 6 Abs. 1 (notwendigerweise einseitig) in seinen „allgemeinen Bedingungen“ (einschließlich „allgemeiner Tarifpreise“) aufgestellt werden darf.

Die Betriebspflicht als solche aber ist nicht — und kann vor Abschluß eines Versorgungsvertrages gar nicht sein — eine vertragliche, eine privatschuldrechtliche, sondern eine gesetzliche.

Nun kommen zwar innerhalb eines Vertragsverhältnisses mannigfaltige und zahlreiche gesetzliche Verpflichtungen zur Auslösung; man denke nur z. B. an die Mängelgewähr beim Kauf und die Kündigung bei der Miete.

---

[125] „Privatrechtliche Grundlagen der Elektrizitätswirtschaft“ von Fritz Rumpf, in „Rechtsgrundlagen der öffentlichen Elektrizitätswirtschaft in Deutschland“, S. 128. — Diese Abhandlung wies allerdings im Sinne des Gesamtwerkes, in dem sie enthalten ist und dessen organischen Teil sie bildet, gerade den Nachweis einer öffentlichrechtlichen Gebundenheit letzten Endes zurück.

Aber: All diese Ansprüche und Rechte kraft Gesetzes setzen ein bereits bestehendes Schuldverhältnis voraus.

§ 6 Abs. 1 des Energiewirtschaftsgesetzes jedoch gewährt einen Anspruch auf Abschluß eines Vertrages.

Dieser Anspruch ist kein vertraglicher, sondern ein gesetzlicher, ein öffentlicher, ein öffentlichrechtlicher.

Mit dieser Feststellung steht weder in Widerspruch die Tatsache, daß dieser öffentlichrechtlich begründete Anspruch auf den Abschluß eines privatrechtlichen Vertrages gerichtet ist[126], noch auch der Umstand, daß dieser Anspruch selbstverständlich vor den sog. ordentlichen Gerichten geltend gemacht werden muß, da ja keine der beiden Parteien, auch nicht das Versorgungsunternehmen, eine als solche handelnde Person des öffentlichen Rechtes ist.

d) Die Betriebspflicht gemäß § 6 Abs. 1 des Gesetzes besteht zugunsten „jedermanns" in einem „bestimmten Gebiet". Dies folgt ebenso aus der Öffentlichkeit der Betriebspflicht wie aus der — dieser zugrunde liegenden — Öffentlichkeit der Energieversorgung gemäß § 2 Abs. 2 des Gesetzes.

„Jedermann" hat Anspruch auf Abschluß eines Versorgungsvertrages, nicht weil er in irgendeinem Vertragsverhältnis zu dem für ihn zuständigen Versorgungsunternehmen steht, sondern weil er als „jedermann" der Öffentlichkeit eines bestimmten Gebietes angehört, die Anspruch, öffentlichen, öffentlichrechtlichen Anspruch auf die durch das zuständige Versorgungsunternehmen vermittelten notwendigen, auf andere Weise gleichwertig nicht erreichbaren Kulturgüter der heutigen Zeit hat.

5. Denn die deutsche Energiewirtschaft und die einzelnen diese bildenden Versorgungsunternehmungen üben eine Tätigkeit aus, die, wie oben dargelegt, nichts anderes als öffentliche Verwaltung bedeutet, nicht im bürokratischen, sondern im tatsächlichen, aber dennoch rechtlichen Sinne. Denn „verwalten" ist — nicht zuletzt durch das Recht der Technik — ein sehr umfassender Begriff geworden, der zwar historisch dem hoheitlichen Begriff des Verwaltens entnommen ist, hier aber ent-

---

[126] Wenn z. B. (wie oben grundsätzlich ausgeführt) eine Gemeinde ein Elektrizitätswerk mit privatrechtlicher Nutzung betreibt, dann ist der Anspruch eines Gemeindeangehörigen auf Abschluß eines privatrechtlichen Versorgungsvertrages begründet in § 17 der Deutschen Gemeindeordnung.

sprechend den Ausdrucksformen der durch die Technik entwickelten Wirtschaft auch auf nichthoheitliche Betätigungen übertragen ist, immer aber irgendeine Fürsorge- und Treupflicht gegenüber den verwalteten Gegenständen und Personen zur Grundlage hat.

a) Diese Treuverpflichtung gegenüber den auf die Versorgungsunternehmungen Angewiesenen als soziale Verpflichtung gegenüber einer Allgemeinheit geht schon aus dem Vorspruch des Gesetzes hervor, der wie alle Vorsprüche der Gesetze der nationalsozialistischen Regierung keine bloße rhetorische Einleitung ist, sondern als Grundsatz sowohl für den Erlaß des Gesetzes wie für seine Anwendung zu werten ist.

So beruhen die öffentlichen Pflichten der öffentlichen Energiewirtschaft auf der Tatsache und Feststellung, daß die Energiewirtschaft eine „wichtige Grundlage des wirtschaftlichen und sozialen Lebens“ ist.

Wenn die deutsche Energiewirtschaft so zweckmäßig und so rationell wie irgend möglich zu organisieren ist, wenn unnötige oder im Gesamtinteresse unzweckmäßige Kapitalinvestierungen vermieden, wenn möglichst niedrige Lieferpreise unter möglichstem Ausgleich ungerechtfertigter Preisunterschiede, wenn gerechte und sichere Verteilung dieser lebenswichtigen und volkswirtschaftlich unentbehrlichen Bedarfsgüter, wenn Lastenausgleich und Dezentralisation zusammengeballter Wirtschaftszentren bewirkt werden sollten[127], so bedeutet dies alles nicht nur öffentliche Wirtschaft, sondern zugleich öffentliche Verwaltung[128].

b) Diese öffentliche Verwaltung, d. h. Verwaltung öffentlicher Kulturgüter im Interesse der Allgemeinheit, ist von der deutschen Energiewirtschaft seinerzeit freiwillig übernommen und bis heute auf einen außerordentlichen Höhepunkt geführt worden.

Daß der Staat sich ihr gegenüber anders verhalten hat als gegenüber Post und Eisenbahn, beweist die Vorsicht und Voraussicht des Staates auf einem seiner bisherigen bürokratischen Verwaltung wesensfremden Gebiete.

---

[127] Vgl. hierzu MÜLLER (s. Fußnote 86), S. 9.

[128] Sehr schön spricht MÜLLER, S. 8 unten und S. 11 von einer „Selbstverwaltungsorganisation der Energiewirtschaft“.

Diese Tatsache entkleidet aber nicht die deutsche Energiewirtschaft ihrer öffentlichen Tätigkeit, Bedeutung und Rechtsstellung.

c) Die Tätigkeit der deutschen Energiewirtschaft hat sich sowohl wegen ihres Gegenstandes wie ihrer bodenrechtlichen Eigenart zu einer solchen entwickelt, die eine gleiche Betätigung durch andere neben ihr in gleichwertiger Weise praktisch, d. h. technisch und wirtschaftlich sowie rechtlich, insbesondere bodenrechtlich, nicht wohl ermöglicht.

Aus diesem Grunde und insofern steht der Einzelne dem für ihn zuständigen Versorgungsunternehmen kaum anders gegenüber als einer öffentlichen Anstalt mit Benutzungszwang.

Und so geschaut bedeutet die Betriebspflicht, die öffentliche und öffentlichrechtliche Betriebspflicht des einzelnen Versorgungsunternehmens keine Einschränkung der Vertragsfreiheit des Unternehmers, sondern ein — übrigens gerade auch bei privatrechtlicher Betrachtungsweise notwendiges — Gegenstück zu dem Zwange des Energieversorgungsanwärters, sich eines bestimmten einzigen Versorgungsunternehmens zu bedienen.

6. Wenn die Ansicht vertreten wird, „die allgemeine Anschluß- und Versorgungspflicht begründet nur die Verpflichtung zum Abschluß sogenannter typischer Verträge, d. h. von Verträgen zu den allgemeinen Bedingungen und Tarifpreisen", so ist das nicht unrichtig, erklärt aber das Wort „typisch" nicht, denn die Sachlage ist vernunftgemäß umgekehrt insofern, als allgemeine Bedingungen und Tarifpreise eben für „typische" Verträge aufzustellen sind.

Was dann aber „typisch" bedeutet, wurde früher erörtert.

Hierbei sei nochmals daran erinnert, daß im Tatbestand des § 6 Abs. 3 des Gesetzes es sich nicht um die Erwirkung von Sonderbedingungen mit Sondertarifen handeln **kann**, sondern um Sonder-, um Einzelpreise.

Möglichst alle im früher erläuterten Sinne typischen laufenden Gruppenfälle zu berücksichtigen, liegt im eigensten Interesse des einzelnen Versorgungsunternehmens.

Immer aber, sowohl bei wirklich „allgemeinen" wie bei allgemeinen Sondertarifen, vor allem aber auch bei Beanspruchung der Versorgung auf Grund eines Einzelvertrages, hat das Unternehmen den Schutz der Nichtzumutbarkeit zur Seite.

Der Begriff der Zumutbarkeit ist in diesem Sinne gewissermaßen identisch mit dem der Betriebspflicht.

Das an ein Unternehmen gerichtete Verlangen auf Erfüllung der Betriebspflicht kann und darf immer nur zumutbare Leistungen zur Folge haben.

Denn: Die im Interesse der Allgemeinheit auszuübende Betriebspflicht darf der Allgemeinheit nicht dadurch schaden, daß sie sich an nicht Zumutbares, nämlich der Allgemeinheit nicht Zumutbares wagt.

7. Wenn das Energiewirtschaftsgesetz diese besondere Betriebspflicht aufgestellt hat, so hat es da nicht eigentlich neues Recht geschaffen, sondern seither vernunftgemäß schon bestehendes, wenn auch gelegentlich teils bestrittenes, teils geleugnetes Recht bestätigt und gesetzlich sanktioniert.

Denn, um dies immer wieder zu betonen: Die öffentliche Betriebspflicht der deutschen Energiewirtschaft ist eine ebenso vernunftgemäße wie sozial notwendige Folge der öffentlichen Verwaltungstätigkeit mit monopolartigem und wirtschaftshoheitlichem Charakter.

8. Die Selbstverwaltung der deutschen Energiewirtschaft unter der sie betreuenden und stärkenden Aufsicht des Reiches ist gewissermaßen eine Gebietsverwaltung, wenn auch naturgemäß nicht allgemeiner, sondern sehr spezieller Art.

Denn § 6 Abs. 1 des Gesetzes geht bodenmäßig aus von dem Begriff des „bestimmten Gebietes“.

Hiermit sind[129] solche Gebiete gemeint, in denen ein Energieversorgungsunternehmen sich zur Versorgung an jedermann — d. h. auch an Nichteinwohner — öffentlich bereit erklärt hat, nachdem es rechtlich dazu in der Lage ist, insbesondere auf Grund von Konzessionen oder Konzessionsverträgen.

Ob es auch tatsächlich, d. h. auch sofort, dazu in der Lage ist, darf dagegen keine ausschlaggebende Rolle spielen, da diese Versorgungsgebiete vielfach nur soweit mit Leitungen ausgebaut sind, als es die derzeitigen Siedlungsverhältnisse verlangen und Erweiterungen von Fall zu Fall mit fortschreitender Besiedlung vorgenommen werden.

---

[129] Nach Darge-Melchinger-Rumpf, S. 144, Abs. 2 und S. 164, Ziff. 6.

9. Die Tatsache einerseits des öffentlichrechtlichen Bodens der deutschen Energiewirtschaft, anderseits der Eigenschaft des Energiewirtschaftsgesetzes als Verwaltungsgesetz wird durch positive besondere Bestimmungen des Gesetzes noch weiter gestaltet und erhärtet.

a) Als Vorläufer des Gesetzes erging[130] seinerzeit die vom Reichswirtschaftsminister erlassene „Verordnung über Mitteilungspflicht in der Energiewirtschaft" vom 30. Juli 1934, die durch eine allgemeine Auskunfts- und Mitteilungspflicht dem Leiter der Energiewirtschaft die Möglichkeit geben sollte, im Wege freiwilliger Zusammenarbeit einen Einfluß auf Tarifgestaltung und Kapitalinvestierungen zu nehmen. Sie sollte zugleich der Prüfung der Frage dienen, ob weitere gesetzliche Maßnahmen zur Ordnung der Energiewirtschaft erforderlich seien.

Beschleunigt wurde diese Entwicklung durch den vom Deutschen Gemeindetag erwirkten Erlaß des Reichs- und Preußischen Ministers des Innern vom 15. August 1935 über den Abschluß von Verträgen auf dem Gebiete der Energiewirtschaft durch Gemeinden und Gemeindeverbände, der diesen bis zum Erscheinen des Energiewirtschaftsgesetzes größte Zurückhaltung auferlegte[131,132].

b) „Der Reichswirtschaftsminister kann durch allgemeine Vorschriften und Einzelanordnungen die allgemeinen Bedingungen und allgemeinen Tarifpreise der Energieversorgungsunternehmen (§ 6 Abs. 1) sowie die Energieeinkaufspreise der Energieverteiler wirtschaftlich gestalten. Die Entscheidungen des Reichswirtschaftsministers sind für Gerichte und Verwaltungsbehörden bindend." (§ 7.)

c) „Der Reichswirtschaftsminister kann von den Energieversorgungsunternehmen jede Auskunft über ihre technischen und wirtschaftlichen Verhältnisse verlangen, soweit der Zweck dieses Gesetzes es erfordert. Er kann auch bestimmte technische

---

[130] Vgl. bei Müller (s. Fußnote 86), S. 7.

[131] Müller führt hierzu weiter aus, daß durch diesen Erlaß der Abschluß von Verträgen verzögert und verhindert, die Bautätigkeit der Werke eingeschränkt, neuer Interessengegensatz hervorgerufen und so die Weiterentwicklung der Energiewirtschaft gefährdet worden sei.

[132] Über das staatsrechtliche Verhältnis dieses Erlasses zum Energiewirtschaftsgesetz vgl. Lessenich (s. Anmerkung 13 der Darstellung).

und wirtschaftliche Vorgänge und Tatbestände bei diesen Unternehmen mitteilungspflichtig machen." (§ 3.)

d) „(1) Die Energieversorgungsunternehmen sind verpflichtet, vor dem Bau, der Erneuerung, der Erweiterung oder der Stilllegung von Energieanlagen dem Reichswirtschaftsminister Anzeige zu erstatten.

(2) Der Reichswirtschaftsminister kann den Bau, die Erneuerung, die Erweiterung oder die Stillegung von Energieanlagen der Energieversorgungsunternehmen innerhalb einer Frist von einem Monat nach Eingang der Anzeige beanstanden. Beanstandete Vorhaben kann er innerhalb einer weiteren Frist von zwei Monaten nach der Beanstandung untersagen, wenn Gründe des Gemeinwohls es erfordern. Der Untersagung geht ein Untersagungsverfahren voraus.

(3) Der Reichswirtschaftsminister bestimmt den Umfang der Anzeigepflicht nach Abs. 1. Er erläßt Vorschriften über Formen und Fristen für die Anzeige und das Untersagungsverfahren. Er kann die in Abs. 2 bezeichnete Frist für die Untersagung verlängern.

(4) Der Reichswirtschaftsminister kann die Auskunfts- und Mitteilungspflicht nach § 3 sowie die Anzeigepflicht nach Abs. 1 auch auf Energieanlagen erstrecken, die zum Betrieb anderer Unternehmen als Energieversorgungsunternehmen gehören." (§ 4.)

e) „(1) Wenn Unternehmen und Betriebe, die nicht Energieversorgungsunternehmen sind, die Versorgung anderer mit Energie aufnehmen, so bedürfen sie hierzu der Genehmigung des Reichswirtschaftsministers.

(2) Vor der Errichtung oder Erweiterung einer Energieanlage zur Erzeugung von Elektrizität oder Gas, die zur Deckung des Eigenbedarfs bestimmt ist, hat der Unternehmer dem Energieversorgungsunternehmen, welches das Gebiet, in dem die Anlage errichtet werden soll, mit Energie versorgt, hierüber Mitteilung zu machen." (§ 5.)

f) § 8 (1) Zeigt sich ein Energieversorgungsunternehmen außerstande, seine Versorgungsaufgaben, insbesondere die ihm auf Grund dieses Gesetzes auferlegten Pflichten, zu erfüllen, und können zur Beseitigung der das Energieversorgungsunternehmen an der Erfüllung seiner Versorgungsaufgaben hindernden Umstände ausreichende Maßnahmen nicht getroffen werden, so kann ihm der Reichswirtschaftsminister nach Durchführung eines Untersagungsverfahrens den Betrieb ganz oder teilweise untersagen.

Er kann ein anderes Energieversorgungsunternehmen mit der Übernahme der Versorgungsaufgaben beauftragen. Der Auftrag kann mit Auflagen verbunden werden. Soweit der Betrieb eines Energieversorgungsunternehmens einer oder mehrerer öffentlicher Gebietskörperschaften untersagt wird, soll tunlichst ein Energieversorgungsunternehmen einer anderen öffentlichen Gebietskörperschaft mit der Übernahme der Versorgungsaufgaben beauftragt werden, sofern diese nicht besser und wirtschaftlicher durch ein anderes Unternehmen erfüllt werden können (vgl. § 67 der Deutschen Gemeindeordnung)[133]. Das Unternehmen soll nur beauftragt werden, wenn ihm die Übernahme der Versorgungsaufgaben zugemutet werden kann. Das Unternehmen ist verpflichtet, dem Auftrage nachzukommen. Der Reichswirtschaftsminister kann auch ein anderes Unternehmen als ein Energieversorgungsunternehmen beauftragen, wenn dieses zur Übernahme des Auftrags bereit ist.

(2) Das beauftragte Unternehmen tritt in die Rechte und Pflichten aus den Energieversorgungsverträgen ein. Inwieweit hiernach Rechte und Pflichten übergegangen sind, wird im Streitfall vom Reichswirtschaftsminister endgültig festgestellt.

(3) Der Reichswirtschaftsminister kann das beauftragte Unternehmen in dem Gebrauch der Energieanlagen, soweit dies für die Erfüllung der Versorgungsaufgaben notwendig ist, vorläufig einweisen. Dem beauftragten Unternehmen kann gestattet werden, die zur Sicherstellung der Energieversorgung erforderlichen Änderungen an den Anlagen vorzunehmen.

§ 9. (1) Der Reichswirtschaftsminister kann auf Antrag des mit der Übernahme der Versorgungsaufgaben nach § 8 beauftragten Unternehmens die Zulässigkeit der Enteignung der von der Entziehung betroffenen Energieanlagen und Rechte am Grundeigentum anordnen. Der Antrag muß gestellt werden, wenn das Unternehmen, dem der Betrieb nach § 8 untersagt worden ist, dies verlangt.

(2) Auf das Enteignungsverfahren finden die Vorschriften des § 11 dieses Gesetzes Anwendung mit der Maßgabe,

1. daß eine angemessene Entschädigung gewährt wird,

---

[133] Vgl. S. 28.

2. daß die Entschädigung in einer Beteiligung an dem Unternehmen, zugunsten dessen die Enteignung erfolgt, gewährt wird, sofern die Einweisung in die Rechte eines Unternehmens geschieht, das sich im Besitz des Reichs, der Länder oder der Gemeinden (Gemeindeverbände) befindet oder an dem Reich, Länder oder Gemeinden (Gemeindeverbände) mit mehr als der Hälfte des Kapitals unmittelbar oder mittelbar beteiligt sind, und wenn Reich, Länder oder Gemeinden (Gemeindeverbände) die Beteiligung beantragen; der Reichswirtschaftsminister kann anordnen, daß von der Anwendung dieser Bestimmung abgesehen wird,

3. daß der Reichswirtschaftsminister, wenn das zur Enteignung berechtigte Unternehmen das Enteignungsverfahren nicht betreibt, auf Antrag des von der Enteignung betroffenen Unternehmens anordnen kann, daß die Entscheidungen im Enteignungsverfahren von Amts wegen ergehen. In diesem Fall kann die Enteignungsbehörde das zur Enteignung berechtigte Unternehmen anhalten, die erforderlichen Unterlagen vorzulegen. § 15 Abs. 1 findet sinngemäß Anwendung.

(3) Für die Übertragung von Rechten aus den Energieversorgungsverträgen und für die Gebrauchseinweisung nach § 8 werden von der Enteignungsbehörde nach den Bestimmungen über das Entschädigungsfeststellungsverfahren der Enteignungsgesetze der Länder und nach Inkrafttreten eines Reichsenteignungsgesetzes dieses Gesetzes Entschädigungen festgesetzt. Abs. 1 und 2 Ziff. 1 finden entsprechende Anwendung.

(4) Die Durchführung der Maßnahmen nach §§ 8 und 9 ist frei von öffentlichen Abgaben und Gerichtsgebühren[134].

Während § 11 des Gesetzes die übliche, wenn auch etwas abgeänderte Form der Enteignung im öffentlichen Interesse, nämlich „für Zwecke der öffentlichen Energieversorgung“ brachte, gestattet § 9 eine „Enteignung“ gewissermaßen zur Strafe für ein ungeeignetes Unternehmen als dritte Stufe von Maßnahmen des § 8, die in Betriebsuntersagung gegenüber dem ungeeigneten und in Betriebseinweisung zugunsten eines beauftragten anderen Unternehmens bestehen.

[134] Über den Gegensatz der hier geregelten „Enteignung“ zu dem eigentlichen Rechtsinstitut der Enteignung und § 11 des Energiewirtschaftsgesetzes vergleiche: „Enteignung nach Energiewirtschaftsgesetz“, in „Reichsverwaltungsblatt“, 1937, Nr. 37, S. 735ff.

So handelt es sich in § 9 nicht eigentlich um Enteignung im Sinne des früher behandelten Rechtsinstitutes des öffentlichen Sachenrechtes, wenn sie auch letzten Endes ebenfalls im öffentlichen Interesse erfolgt.

Weiß man aber einerseits um die Rechtsnatur des in § 11 angewandten Rechtsinstitutes der verwaltungs- und im Kern sachenrechtlichen Enteignung Bescheid, erkennt man anderseits die auf wirtschaftlichen Notwendigkeiten beruhende Stufenleiter der Maßnahmen der §§ 8 und 9, dann erhellt auch, daß sich die sog. Enteignung des § 9 eigentlich gegen den Betrieb des Unternehmens richtet.

Denn § 8 Abs. 1 Satz 1 spricht davon, daß der Reichswirtschaftsminister „nach Durchführung eines Untersagungsverfahrens den Betrieb ganz oder teilweise untersagen" kann.

Und § 8 Abs. 3 Satz 1 gestattet dem Reichswirtschaftsminister eine vorläufige Einweisung des beauftragten Unternehmens in den Gebrauch der Energieanlagen.

Schließlich gipfeln — nach Untersagung des Betriebes und Einweisung in den Betrieb — die Maßnahmen des Reichswirtschaftsministers eben in dieser sog. Enteignung des § 9, die sich demgemäß und nach dem Wortlaut des Gesetzes richtet gegen die „von der Entziehung (bereits) betroffenen Energieanlagen und Rechte am Grundeigentum".

g) „Die Einfuhr von Elektrizität oder Gas auf festen Leitungswegen sowie der Abschluß von Verträgen hierüber bedürfen der Genehmigung des Reichswirtschaftsministers." (§ 10.)

10. In diesem Zusammenhang und zum Schluß sei nochmals der ausdrücklichen Bestimmung des § 18 des Energiewirtschaftsgesetzes gedacht:

„Wegen eines Schadens, der durch Maßnahmen entsteht, die in Durchführung dieses Gesetzes oder seiner Durchführungsvorschriften getroffen werden, wird eine Entschädigung nicht gewährt, es sei denn, daß dieses Gesetz ausdrücklich etwas anderes bestimmt."

a) Diese Bestimmung gründet sich zunächst und sichtlich auf den allgemeinen Grundsatz nationalsozialistischer Lebenshaltung „Gemeinnutz vor Eigennutz". Demgemäß haben die Einzelinteressen hinter den Notwendigkeiten des Gemeinwohles, der Öffentlichkeit, der Allgemeinheit, zurückzutreten. Daraus folgt aber pekuniär, daß der Einzelne zumutbare Opfer der Allgemeinheit ohne Entschädigung zu bringen hat.

b) Zu diesen allgemeinen Erwägungen und Schlüssen muß aber betont werden, daß die besondere Bestimmung dieses den materiellen Teil des Gesetzes beschließenden Paragraphen, der jenen Grundsatz ausdrücklich auf die deutsche Energiewirtschaft anwendet, nochmals entscheidend und eindeutig die Tätigkeit der deutschen Energieversorgungsunternehmen als öffentliche Verwaltung[135] kennzeichnet. Hier in den Folgen, wie § 2 Abs. 2 des Gesetzes und § 6 Abs. 1 dies für die Voraussetzungen getan hat.

V. Die Lösung der verwaltungsrechtlichen Fragen der deutschen Energiewirtschaft ist somit teils auf Grund ausdrücklicher Bestimmungen des ihr gewidmeten Gesetzes, teils und vor allem auf Grund des lebenden deutschen Verwaltungsrechtes zwanglos und eindeutig möglich[136].

Nachdem nun aber das Gesetz zugunsten der Versorgtenkreise der monopolartigen Stellung der Versorgerseite gegenüber die öffentliche Betriebspflicht statuiert hat, die an sich schon im deutschen Verwaltungsrecht bestand, erschiene es klärend und gerecht, auf gesetzlichem Wege die in § 2 Abs. 2 bereits anerkannte öffentliche Tätigkeit der deutschen Energiewirtschaft ausdrücklich auch bodenrechtlich zu bestätigen, gerade wenn sich der Gesetzgeber an die Entwicklungsgeschichte der Post und Eisenbahn und nicht zuletzt an die Tatsache des Telegraphenwege-Gesetzes erinnerte.

Dem gebietlich zuständigen Versorgungsunternehmen, wobei also die Zuständigkeit nicht erst von erworbenen Bodenrechten abhinge, sollte öffentliches Eigentum für Leitungszwecke durch eine gesetzliche Konzession in gleicher Weise offenstehen, wie dies bei anderen technischen öffentlichen Unternehmen für Verkehrswege bereits der Fall ist.

---

[135] Nämlich dadurch, daß hier „Maßnahmen“ als nicht zur Entschädigung verpflichtende rechtmäßige Handlungen im unmittelbaren öffentlichen Interesse anerkannt, also mindestens wie unmittelbare hoheitliche Eingriffe gewertet sind.

[136] Es sei hier daran erinnert, unter welchen Schwierigkeiten und auf welchen Umwegen der privatrechtliche Schutz entwickelt werden mußte, den das Reichsgericht seither zugunsten der Versorgten hinsichtlich des Versorgungsanspruches in besonderen Fällen gewährte.

Dritter Teil.

Der Rechtsschutz.

§ 6. Schuldrechtlich.

I. Schuldrechtliche Verpflichtungen können sowohl auf Vereinbarung wie auf Gesetz, sowohl auf Vertrag wie auf Unrecht beruhen.

II. Zwei besondere Rechtsschutzmöglichkeiten hat das Elektrizitätsrecht als solches aufzuweisen:

1. § 23 des Gesetzes über Fernmeldeanlagen vom 14. Januar 1928. Hier ist die Bedeutung des Begriffes des „Betriebes", sein Gegensatz zum „Besitz", seine eigene Schutzbedürftigkeit gesetzlich herausgestellt.

„**Elektrische Anlagen sind,** wenn eine Störung des Betriebes der einen Leitung durch die andere eingetreten oder zu befürchten ist, auf Kosten desjenigen Teiles, welcher durch eine spätere Anlage oder durch eine später eintretende Änderung seiner bestehenden Anlage diese Störung oder die Gefahr derselben veranlaßt, **nach Möglichkeit so auszuführen, daß sie sich nicht störend beeinflussen**[137]."

Um aus dem sprachlichen und rechtlichen Gewirr und den tatsächlichen Unmöglichkeiten dieser Bestimmung einen Sinn,

---

[137] Die Entstehungsgeschichte dieses vielgenannten und vielbehandelten § 23 des Fernmeldeanlagengesetzes (FAG.) liegt nicht nur klar und offen, sondern ist auch bereits häufig geschildert worden. Es erübrigt sich daher an und für sich und in diesem Zusammenhange eine Wiederholung.

Auch die Tatsache, daß sich § 23 trotz seiner Aufnahme in das Fernmeldeanlagengesetz nicht lediglich auf Fernmeldeanlagen bezieht, ist abschließend bewiesen worden mit dem Ergebnis, daß § 23 FAG. Elektrizitäts-Sonderrecht enthält, nämlich einen Elektrizitäts-Sonderschutz. Herrschend wird dennoch trotz dieser Erkenntnis und der Tatsache, daß § 23 FAG. von elektrischen Anlagen schlechthin spricht, wegen seiner Aufnahme in das FAG. die Ansicht vertreten, daß es sich hier nicht um das Verhältnis zwischen zwei Starkstromanlagen, sondern nur um die Kollision Starkstrom-Schwachstrom handeln könne.

eine Wirkung und die Möglichkeit einer Anwendung in der Praxis zu erreichen, wurde er durch verschiedene Druckarten vorstehend in drei Teile zerlegt, die wie folgt zu erklären sind[138]:

a) „Elektrische Anlagen sind nach Möglichkeit so auszuführen, daß sie sich nicht störend beeinflussen.“

Dieser Satz ist der Kern und Grundsatz des § 23 FAG.

Die Vorschrift bindet den Volksgenossen im Verhältnis zum andern Volksgenossen zunächst nur moralisch. Eine weitere, in mehrfachem Sinne notwendige Einschränkung enthält der Begriff und das Tatbestandsmerkmal der „Möglichkeit“. Denn die gegenseitige Rücksichtnahme in Angelegenheiten elektrischer Betriebe besteht nur im Falle der Möglichkeit, heute würden wir sagen: bei Zumutbarkeit. Denn nicht nur die Frage der technischen Möglichkeit muß geprüft werden, sondern auch die wirtschaftliche Zumutbarkeit. Und auch da wieder nicht nur lediglich im Gesichtskreis und Interesse der beiden oder mehreren unmittelbar Beteiligten, aber auch nicht nur für die augenblicklichen Auswirkungen, sondern auch im Hinblick auf die Allgemeinheit und auch unter Berücksichtigung der Zukunft[139].

b) Rechtsfolgen knüpfen sich an die Verletzung des gesetzlichen Verlangens gegenseitiger Rücksichtnahme nur, „wenn eine Störung des Betriebes der einen Leitung durch die andere eingetreten oder zu befürchten ist“.

Welche Möglichkeiten bietet nun § 23 FAG. in seinem geltenden Wortlaut in diesen Fällen?

Zunächst und vor allem muß klar erkannt und herausgestellt werden, daß irgendeine Priorität nicht Voraussetzung für Ansprüche aus eingetretenen oder befürchteten Betriebsstörungen ist, wie auch schon der unter a) behandelte allgemeine Rechtsgrundsatz der gegenseitigen Rücksichtnahme selbstverständlich nicht nur für die jüngere Anlage im Verhältnis zur älteren, sondern auch für die ältere Anlage gegenüber der jüngeren gilt.

c) Der Grundsatz der Priorität ist aber nicht nur Auslegungsregel, sondern Richter und Parteien bindende Gesetzesregel,

---

[138] Erstmalig abgedruckt in „Verkehrsrechtliche Rundschau“, 1937, Heft 6, S. 219/20.

[139] Hier sei ausdrücklich an den Begriff der Zumutbarkeit nach Energiewirtschaftsgesetz und an das auf S. 100ff. dieser Darstellung hierzu entwickelte erinnert.

wenn es sich um die Verurteilung in die Entstörungskosten handelt. Die Entstörung ist nämlich vorzunehmen „auf Kosten desjenigen Teiles, welcher durch eine spätere Anlage oder durch eine später eintretende Änderung seiner bestehenden Anlage diese Störung oder die Gefahr derselben veranlaßt".

d) Gegenüber dieser gesetzlichen besonderen Kostenregelung läßt sich eine weitere positive Rechtsschutzfolge aus der allgemeinen Rechtsvorschrift der gegenseitigen Rücksichtnahme ziehen.

Während nämlich der Antrag der älteren Anlage gegen die störende jüngere lautet auf Kostentragung der Entstörung, also auf Leistung, klagt die gestörte jüngere Anlage gegen die ältere auf Duldung der Entstörung an der störenden Anlage auf Kosten des Gestörten. Auch hier aber ist die Frage der Zumutbarkeit beiderseits und überhaupt zu prüfen.

e) „Die auf Grund der vorstehenden Bestimmung entstehenden Streitigkeiten gehören vor die ordentlichen Gerichte."

Diese Bestimmung des § 24 FAG., die also auf § 23, und zwar lediglich auf diesen vorstehenden Paragraphen, Bezug nimmt, ist deshalb notwendig, weil das FAG. ein öffentlichrechtliches Gesetz ist, mit Ausnahme eben des § 23[140].

2. Das Reichsgericht hat in seinem Urteil vom 11. Juli 1931[141] an Hand eines Einzelfalles eine grundsätzliche, den Rechtsschutz im Elektrizitätsrecht betreffende Entscheidung getroffen.

Beim Anstreichen einer Dachrinne war ein Ehemann und Familienvater in Berührung mit der in das Haus ungeschützt geführten Lichtleitung geraten, so daß er einen elektrischen Schlag erhalten hatte und von der an die Hauswand gelehnten Leiter tödlich abgestürzt war.

Die Hinterbliebenen hatten den Hauseigentümer für den ihnen durch den Tod ihres Ernährers entstandenen und weiter noch entstehenden Schaden verantwortlich gemacht.

---

[140] Der Schluß, den A. Kloess, Die allgemeine Energiewirtschaft mit Energiewirtschaftsgesetz und Energierecht, 1936, S. 130, C, b, zieht, beruht vermutlich auf unrichtiger Lesung des § 24 FAG., der sich ausdrücklich nur auf § 23, nicht aber, wie wohl Kloess annimmt, auf das ganze Fernmeldeanlagengesetz bezieht.

[141] Abgedruckt (teilweise) in der Zeitschrift „Elektrizitätswirtschaft. Elektrizitätswirtschaftliche Mitteilungen der Vereinigung der Elektrizitätswerke EV", 1931, S. 536/37.

Das Reichsgericht, an das die Prozeßsache in der Revisionsinstanz schließlich gelangte, stellte „eine Verletzung des Rechtsbegriffs der im Verkehr erforderlichen Sorgfalt" insofern fest, als die vom Verband deutscher Elektrotechniker (VDE.) herausgegebenen „Vorschriften nebst Ausführungsregeln für die Errichtung von Starkstromanlagen mit Betriebsspannungen unter 1000 V" nicht ausreichend berücksichtigt bzw. ausgelegt worden seien.

„Da diese Vorschriften im ganzen Deutschen Reich zur Anwendung kommen und für eine unbeschränkte Anzahl von Fällen bestimmt sind, ist ihre Auslegung der Revision zugänglich."

Diese „Vorschriften" sind „in gemeinsamer Zusammenarbeit nicht bloß der Elektrizitätsunternehmungen und der ihr nahestehenden Industrie, sondern auch beteiligter Behörden (Bahn und Post), wissenschaftlicher Institute, Hochschulen u. a. abgefaßt und aufgestellt worden, so daß sie sehr wohl als Richtlinien für das Maß der zu stellenden Anforderungen verwertet werden können. Denn danach handelt es sich bei diesen Vorschriften nicht etwa bloß um die Niederlegung der Anschauungen beteiligter Kreise, sondern um eine über diese Kreise hinausreichende, eine gewisse überparteiliche Autorität genießende Bearbeitung der im Interesse der Allgemeinheit erforderlichen, aber auch im allgemeinen genügenden Maßnahmen auf diesem Gebiet".

Wer also diese VDE.-Vorschriften beachte, habe in der Regel die im Verkehr erforderliche Sorgfalt erfüllt.

Die „Zweite Verordnung zur Durchführung des Gesetzes zur Förderung der Energiewirtschaft" (Energiewirtschaftsgesetz) vom 31. August 1937 hat diesen Zustand, diese Rechtsschöpfung der Technik legalisiert und auf Grund des § 13 Abs. 2 des Energiewirtschaftsgesetzes verordnet:

„(1) Elektrische Energieanlagen und Energieverbrauchsgeräte sind ordnungsmäßig, d. h. nach den anerkannten Regeln der Elektrotechnik einzurichten und zu unterhalten.

(2) Als solche Regeln gelten die Bestimmungen des Verbandes Deutscher Elektrotechniker."

III. 1. Über das wichtigste Rechtsverhältnis, über die allgemeine Anschluß- und Versorgungspflicht mit den grundsätzlichen Fragen der Lieferung von Reserve- und Zusatzernergie sowie der Zumutbarkeit entscheiden, wenn Rechtsschutz gesucht wird, die ordentlichen Gerichte stets dann, wenn ein privatrechtliches Vertragsverhältnis zwischen Versorgungsunternehmen und Versorgten besteht. Hierbei ist es wiederum gleichgültig, wer Träger des Versorgungsunternehmens ist, ob ein Einzelner, eine Aktiengesellschaft, eine Gemeinde.

2. Hierdurch ist dem Richter des ordentlichen Rechtswegverfahrens eine mit größter Verantwortlichkeit verbundene Macht gegeben. Anschlußpflicht, Preise, Versorgungsbedingungen, den fundamentalen Tatbestand der Zumutbarkeit setzt der Richter; Gegenstände und Belange, in denen er nicht immer, vielleicht selten sachverständig sein wird und sein kann.

Da muß einmal festgestellt und gefordert werden, daß der Richter unbestrittenen oder geprüften wirtschaftsstatistischen und betriebstechnischen Unterlagen der Unternehmen, die ja öffentliche Energieversorgung betreiben, ähnliche Beweiskraft zubilligt wie behördlichen Feststellungen.

3. In entsprechendem Sinne erfordert die Frage der Haftpflicht des Abnehmers für seine Installationsanlage ihre Behandlung.

a) Das Zurverfügungstellen der elektrischen Energie durch das Versorgungsunternehmen zur beliebigen Leitung durch eine Installationsanlage und deren (und des Stromes) beliebiger Verwendung seitens des Versorgten hat am Ende der Verteilungsanlagen zu erfolgen.

b) Die besondere Haftpflicht hinsichtlich der Art und Güte der Errichtung der Installationsanlagen durch den Installateur trifft naturgemäß nicht den Auftraggeber, sondern den Installateur, sei es aus Vertrag, sei es aus unerlaubter Handlung (Unrecht) oder sowohl aus dem ersteren wie aus dem letzteren Grunde.

c) Hiervon abgesehen ist der Versorgte (Stromabnehmer) haftbar für Schäden, die aus dem Zustand schuldhaft vernachlässigter Installationsanlagen erwachsen, die er als Eigentümer oder vertraglich Berechtigter instand zu halten hat.

d) Wenn dieser nicht nur der Billigkeit, sondern auch dem rechtlichen Tatbestand des Versorgungsvertrages bzw. der Versorgungsverpflichtung (bei öffentlichrechtlicher Nutzungsform) entspricht, so hat die Ausgestaltung der Texte der Versorgungsverträge durch die Versorgungsunternehmungen vor allem den Grund zur Annahme geboten, die letzteren seien verpflichtet, den Strom bei dem Abnehmer durch eine der Aufsicht des Unternehmens unterliegende ordnungsmäßige Anlage zu leiten.

In der Tat enthalten die sog. Stromlieferungsbedingungen mehrere Bestimmungen, die nichts anderes als eine — mindestens und zunächst auf den Beginn der Versorgung abgestellte — Beaufsichtigung bedeuten und ausdrücklich enthalten. Hieraus eine Verantwortlichkeit des Unternehmers (Stromlieferant) für die Installationsanlagen herzuleiten, ist ein unrichtiger, aber — will man ehrlich sein — nicht nur verständlicher, sondern in gewissem Sinne sogar logischer Schluß. Verkannt wird allerdings auch hierbei — diesmal von seiten der Versorgten — der öffentliche Charakter der Energieversorgung. Er ist der Grund für die vertraglich formulierte Betreuung und Überwachung auch der Installationsanlagen. Diese Betreuung aber bedeutet niemals eine freiwillige privatvertragliche eigene Pflichtenerweiterung und Haftbarkeit der Versorgungsunternehmen.

Hier muß — einerseits zur Erklärung der Rechtseinstellung bezüglich einer zu Unrecht angenommenen Verantwortlichkeit der Unternehmen, anderseits zur Klärung der tatsächlichen Rechtslage — weiter zugegeben werden, daß die kontrollierende Fürsorge des Unternehmers bis zu unerträglichen Belästigungen des Privatlebens führen kann.

Wenn z. B. eine Bestimmung der Stromlieferungsbedingungen lautet:

„Der Abnehmer ist verpflichtet, den Bediensteten der . . . A.-G. den Zutritt zu den Elektrizitätszählern sowie allen Räumen, in denen sich elektrische Einrichtungen befinden, unweigerlich zu gestatten[142]", so geht die hier vorbehaltene Kontrolle durch das Privatunternehmen, im vorliegenden Fall einer handelsrechtlichen Aktiengesellschaft, sogar über die Befugnisse des Staates im Strafprozeß hinaus.

§ 104 Abs. 1 und 2 der (alten) Strafprozeßordnung lautet[143];

„Zur Nachtzeit dürfen die Wohnung, die Geschäftsräume und das befriedete Besitztum nur bei Verfolgung auf frischer Tat oder bei Gefahr im Verzug oder dann durchsucht werden, wenn es

[142] Abgedruckt in List, Verwaltungsrecht technischer Betriebe, 1937, S. 134 unten.

[143] Diese Bestimmungen galten zur Zeit der Errichtung der hier besprochenen Lieferungsbedingungen.

sich um die Wiederergreifung eines entwichenen Gefangenen handelt.

Diese Beschränkung findet keine Anwendung auf Wohnungen von Personen, welche unter Polizeiaufsicht stehen, sowie auf Räume, welche zur Nachtzeit jedermann zugänglich oder welche der Polizei als Herbergen oder Versammlungsorte bestrafter Personen, als Niederlagen von Sachen, welche mittels strafbarer Handlungen erfolgt sind, oder als Schlupfwinkel des Glücksspiels oder gewerbsmäßiger Unzucht bekannt sind.“

Will sich so ein Stromabnehmer einem Landstreicher oder einer Dirne gleichgestellt sehen, so muß ihm sofort entgegengehalten werden, daß auch diese — in der Tat in das nächtliche Privatleben recht „unweigerlich“ eingreifende — Kontrolle lediglich zu seinem Schutze gefordert und zu seiner Sicherheit ausgeübt wird.

Abgesehen von diesen allgemeinen Erwägungen mußten für diese Kontrollvorbehalte die besonderen Tatbestände und Möglichkeiten der Technik maßgebend sein, die ja nicht nur dem ehrlichen Stromabnehmer, sondern auch dem Vertrags- und Rechtsbrecher offenstehen.

Der technische Tatbestand einer strafrechtlich relevanten Entziehung elektrischer Arbeit z. B. erfordert zu seiner Feststellung gegebenenfalls sofortigen und unmittelbaren Zugriff. Diese Feststellung kann aber aus Gründen technischer Zuständigkeit von niemanden besser getroffen werden als von den örtlich zuständigen und mit den örtlichen und technischen Verhältnissen pflichtgemäß vertrauten Versorgungsunternehmen.

Eine entsprechende gesetzliche Möglichkeit bietet seit langem § 21 des Fernmeldeanlagengesetzes, insbesondere zur Feststellung sog. Schwarzhörer.

„(1) Für die Durchsuchung der Wohnung, der Geschäftsräume und des befriedeten Besitztums sind die Vorschriften der Strafprozeßordnung maßgebend; die Durchsuchung ist aber zur Nachtzeit stets zulässig, wenn sich in den Räumen oder auf dem Besitztum eine Funkanlage befindet und der begründete Verdacht besteht, daß bei ihrer Errichtung oder ihrem Betrieb eine nach § 15 strafbare Handlung begangen wird oder begangen ist.

(2) Beauftragte der Deutschen Reichspost sind berechtigt, sich an Durchsuchungen zu beteiligen, die zur Verfolgung einer nach § 15 strafbaren Handlung vorgenommen werden[144]."

4. Das — unnötigerweise umstrittene — Verhältnis des § 23 FAG. zu den Besitzschutzbestimmungen des BGB. ergibt sich sofort und eindeutig aus der Erkenntnis und der Tatsache, daß die Besitzschutzbestimmungen eben den Besitz, der § 23 FAG. hingegen darüber hinaus den Betrieb schützen.

Wenn der Besitz an einer Anlage gestört wird, helfen selbstverständlich die entsprechenden Bestimmungen des BGB. Der Tatbestand des § 23 FAG. aber betrifft keinen sachenrechtlichen, sondern einen technischen Tatbestand.

§ 23 FAG. ist ausschließliches Elektrizitätssonderrecht.

IV. Kraft ausdrücklicher Bestimmung des Energiewirtschaftsgesetzes kann der Reichswirtschaftsminister Entscheidungen und Anordnungen erlassen, welche die Gerichte und die Verwaltungsbehörden binden[145].

Ist eine solche Entscheidung oder Anordnung ergangen, dann versagt jeder — sachlich auch nicht mehr notwendige — Rechtsschutz durch die ordentlichen (und die Verwaltungs-) Gerichte.

Die gesetzlichen Fälle sind:

1. „(1) Versorgt ein Energieversorgungsunternehmen ein bestimmtes Gebiet, so ist es verpflichtet, allgemeine Bedingungen und allgemeine Tarifpreise öffentlich bekanntzugeben und zu diesen Bedingungen und Tarifpreisen jedermann an sein Versorgungsnetz anzuschließen und zu versorgen (allgemeine Anschluß- und Versorgungspflicht).

(2) Die allgemeine Anschluß- und Versorgungspflicht besteht nicht:

1. wenn der Anschluß oder die Versorgung dem Versorgungsunternehmen aus wirtschaftlichen Gründen, die auch in der Person des Anschlußnehmers liegen können, nicht zugemutet werden kann,

2. wenn der Anschlußnehmer die Mitteilung nach § 5 Abs. 2 unterlassen hat, es sei denn, daß die Mitteilung ohne sein Ver-

---

[144] Text von § 15 siehe § 8, I der Darstellung.

[145] „Zur Vorbereitung der Entscheidungen und Anordnungen aus diesem Gesetz kann der Reichswirtschaftsminister den Leiter der Reichsgruppe Energiewirtschaft mit Aufträgen versehen." (§ 16 Abs. 1 Satz 1.)

schulden unterblieben oder seit Errichtung oder Erweiterung der Energieerzeugungsanlage ein Zeitraum von zehn Jahren verstrichen ist.

(3) Wer selbst eine Energieanlage zur Erzeugung von Elektrizität oder Gas oder eine andere gleichzuachtende Energieerzeugungsanlage betreibt, kann sich für das Grundstück, auf dem die Anlage sich befindet, und für andere eigene Grundstücke, die von der Anlage aus versorgt werden können, nicht auf die allgemeine Anschluß- und Versorgungspflicht nach Abs. 1 berufen. Er kann aber Anschluß und Versorgung in dem Ausmaß und zu Bedingungen verlangen, die dem Energieversorgungsunternehmen wirtschaftlich zumutbar sind. Verträge werden durch die Bestimmungen der Abs. 2 und 3 nicht berührt.

(4) Der Reichswirtschaftsminister kann Anordnungen treffen, die von den Vorschriften der Abs. 1—3 abweichen, wenn ein wichtiges öffentliches Interesse vorliegt. Solche Anordnungen binden Gerichte und Verwaltungsbehörden.“ (§ 6.)

2. „Der Reichswirtschaftsminister kann durch allgemeine Vorschriften und Einzelanordnungen die allgemeinen Bedingungen und allgemeinen Tarifpreise der Energieversorgungsunternehmen (§ 6 Abs. 1) sowie die Energieeinkaufspreise der Energieverteiler wirtschaftlich gestalten. Die Entscheidungen des Reichswirtschaftsministers sind für Gerichte und Verwaltungsbehörden bindend.“ (§ 7.)

3. „Der Reichswirtschaftsminister kann Vorschriften und Anordnungen über die Erhaltung vorhandener und die Errichtung zusätzlicher Energieanlagen sowie über die Abgabe von Energie erlassen, soweit solche zur Sicherstellung der Landesverteidigung erforderlich sind und den Unternehmen zugemutet werden können. Werden über das wirtschaftlich Zumutbare hinaus Auflagen gemacht, so ist dem Unternehmen eine angemessene Entschädigung zu gewähren, die der Reichswirtschaftsminister festsetzt. Die Entscheidungen des Reichswirtschaftsministers sind für Gerichte und Verwaltungsbehörden bindend.“ (§ 13 Abs. 1.)

Schließlich gehören hierher noch zwei weitere gesetzliche Tatbestände. Im ersteren ist der Rechtsweg ausgeschlossen, im letzteren tritt eine Befreiung von den Gerichtsgebühren ein.

a) (1) „Zeigt sich ein Energieversorgungsunternehmen außerstande, seine Versorgungsaufgaben, insbesondere die ihm auf Grund dieses Gesetzes auferlegten Pflichten, zu erfüllen, und können zur Beseitigung der das Energieversorgungsunternehmen an der Erfüllung seiner Versorgungsaufgaben hindernden Umstände ausreichende Maßnahmen nicht getroffen werden, so kann ihm der Reichswirtschaftsminister nach Durchführung eines Untersagungsverfahrens den Betrieb ganz oder teilweise untersagen. Er kann ein anderes Energieversorgungsunternehmen mit der Übernahme der Versorgungsaufgaben beauftragen. Der Auftrag kann mit Auflagen verbunden werden. Soweit der Betrieb eines Energieversorgungsunternehmens einer oder mehrerer öffentlicher Gebietskörperschaften untersagt wird, soll tunlichst ein Energieversorgungsunternehmen einer anderen öffentlichen Gebietskörperschaft mit der Übernahme der Versorgungsaufgaben beauftragt werden, sofern diese nicht besser und wirtschaftlicher durch ein anderes Unternehmen erfüllt werden können (vgl. § 67 der Deutschen Gemeindeordnung). Das Unternehmen soll nur beauftragt werden, wenn ihm die Übernahme der Versorgungsaufgaben zugemutet werden kann. Das Unternehmen ist verpflichtet, dem Auftrage nachzukommen. Der Reichswirtschaftsminister kann auch ein anderes Unternehmen als ein Energieversorgungsunternehmen beauftragen, wenn dieses zur Übernahme des Auftrages bereit ist.

(2) Das beauftragte Unternehmen tritt in die Rechte und Pflichten aus den Energieversorgungsverträgen ein. Inwieweit hiernach Rechte und Pflichten übergegangen sind, wird im Streitfall vom Reichswirtschaftsminister endgültig festgestellt." (§ 8.)

b) „Die Durchführung der Maßnahmen nach §§ 8 und 9 ist frei von öffentlichen Abgaben und Gerichtsgebühren." (§ 9 Abs. 4.)

„Der Reichswirtschaftsminister kann auf Antrag des mit der Übernahme der Versorgungsaufgaben nach § 8 beauftragten Unternehmens die Zulässigkeit der Enteignung der von der Entziehung betroffenen Energieanlagen und Rechte am Grundeigentum anordnen. Der Antrag muß gestellt werden, wenn das Unternehmen, dem der Betrieb nach § 8 untersagt worden ist, dies verlangt." (§ 9 Abs. 1.)

V. Die Rechtsschutzfrage der Energieversorgungsunternehmen im Konkurs des Versorgten kann nur dann streitig sein sowie unrichtig ausgelegt und entschieden werden, wenn man die Rechtsnatur der vertraglichen Energieversorgung verkennt.

1. Unrichtige Begriffsbestimmungen dieses Vertrages, z. B. seine absolute Definition als Kauf oder Miete, als Pacht oder Dienstvertrag, verleiten ebenso zu Fehlurteilen wie unklare Diagnosen[146].

Die in dieser Darstellung entwickelte und vertretene Erkenntnis des Vorganges als dauernde Bereithaltung elektrischer Energie einerseits und als öffentliche Versorgung mit einem Kulturgut auf Lebenszeit, das der beliebigen Erwerbung bei beliebig vielen Versorgern entzogen ist, anderseits läßt eine andere Lösung als die der unbedingten Feststellung einer Dauerversorgung, also einer Dauerleistung, überhaupt nicht existent werden.

Eine Einsicht in die technischen und wirtschaftlichen Zusammenhänge der Elektrizitätsversorgung würde diese rechtliche Lösung auch in jenen Beziehungen als eindeutig und zweifelsfrei bestätigen.

2. Ist dem aber so, dann kann kein irgendwie noch begründbares Bedenken gegen die Anwendung des § 17 der Konkursordnung bestehen:

„Wenn ein zweiseitiger Vertrag zur Zeit der Eröffnung des Konkursverfahrens von dem Gemeinschuldner und von dem anderen Teile nicht oder nicht vollständig erfüllt ist, so kann der Konkursverwalter an Stelle des Gemeinschuldners den Vertrag erfüllen und die Erfüllung von dem anderen Teile verlangen.

Der Verwalter muß auf Erfordern des anderen Teils, auch wenn die Erfüllungszeit noch nicht eingetreten ist, demselben ohne Verzug erklären, ob er die Erfüllung verlangen will. Unterläßt er dies, so kann er auf Erfüllung nicht bestehen."

3. Da eine Vorleistungspflicht des Unternehmens bei Zahlungsverzug des Versorgten nicht besteht, kann im Falle des Konkurses der Versorger sich auf § 320 Abs. 1 Satz 1 des BGB. berufen:

---

[146] Z. B. diejenige, daß der Elektrizitätsversorgungsvertrag ausgesprochene Merkmale eines Arbeitsvertrages vom Typus des Werkvertrages zeige; gerade diese — gewiß an sich nicht unrichtige — Betrachtung zwingt beinahe zu der — unrichtigen — Annahme, es entstehe jedesmal ein neues Schuldverhältnis.

„Wer aus einem gegenseitigen Vertrage verpflichtet ist, kann die ihm obliegende Leistung bis zur Bewirkung der Gegenleistung verweigern, es sei denn, daß er vorzuleisten verpflichtet ist.“

Demgemäß kann der Versorger die Weiterlieferung elektrischer Energie verweigern, bis der Konkursverwalter sich gemäß § 17 KO. geäußert hat. Selbstverständlich bedeutet dieses gesetzmäßige Verhalten des Versorgungsunternehmens keinen — gar vertragswidrigen — Rücktritt vom Vertrag, über dessen Fortbestehen es sich ja gerade unterrichten will, und an dessen Bestand — bei ordnungsmäßiger Gegenleistung — es zudem ein rechtliches und wirtschaftliches Interesse hat.

4. Gemäß § 59 KO. sind Masseschulden „die Ansprüche aus zweiseitigen Verträgen, deren Erfüllung zur Konkursmasse verlangt wird“.

Die seit Konkurseröffnung entsprechend § 17 KO. weiter bezogene Energie muß also der Konkursverwalter in voller Höhe bezahlen, und zwar grundsätzlich nach den seither geltenden Vertragsbedingungen.

5. Aber auch die Rückstände aus dem vertraglichen Versorgungsverhältnis sind, wenn der Konkursverwalter — wiederum gemäß § 17 KO. — Erfüllung verlangt, wegen der Rechtsnatur des Vertrages als dauernden und daher einheitlichen Rechtsverhältnisses Masseschulden, da das Versorgungsverhältnis als solches weder technisch und wirtschaftlich noch rechtlich durch den Konkurs eine Änderung, nämlich keine Zweiteilung, d. h. wieder: in zwei Schuldverhältnisse, erfahren hat.

6. Lehnt der Konkursverwalter das seitherige Vertragsverhältnis allerdings absolut oder durch Angebote auf Vertragsänderungen ab, dann muß, wenn er danach wieder angeschlossen und versorgt werden will, ein neuer Vertrag geschlossen werden, und zwar nach den in § 6 des Energiewirtschaftsgesetzes aufgestellten Regeln und Bedingungen.

§ 7. Verwaltungsrechtlich.

I. 1. Soziale Funktionen im weitesten Sinne, Fürsorge auf dem Gebiete der Energieversorgung und ordnende (polizeiliche) Funktionen sollen nach dem Wortlaut der Präambel die Funktionen des Energiewirtschaftsgesetzes sein. So sind, wie dies aus

§ 3 dieser Darstellung im einzelnen hervorging, in der Deutschen Energiewirtschaft auf der Seite der Verwaltung im weitesten Sinne nicht nur die Energieversorgungsunternehmen, sondern auch der Staat tätig.

Der Staat beaufsichtigt — und ordnet gegebenenfalls — die Unternehmungen weder um ihrer selbst noch um seiner selbst willen, sondern um des Volkes willen, hier also der als Versorgte an der Deutschen Energiewirtschaft beteiligten Volksgenossen und gebietsansässigen Gäste.

Hiervon ist aber die logische rechtliche Folge, daß die öffentlich-rechtliche Rechtsbetätigung nicht nur grundsätzlich zwischen Reich und Versorgungsunternehmen stattfindet, sondern gelegentlich auch in das eigentliche Versorgungsverhältnis, also in die Rechtsbeziehungen zwischen Versorger und Versorgte eingreift.

Hier sei insbesondere an die Tatbestände erinnert, die — dort von anderem Ausgangspunkt betrachtet — in § 6 Abschnitt IV Ziff. 1—3 ihre Erwähnung gefunden haben.

2. Neben diesen besonderen Möglichkeiten des Energiewirtschaftsgesetzes finden selbstverständlich die allgemeinen Rechtsinstitute und Rechtsschutzmittel in dem Verhältnis zwischen Reich und Energiewirtschaft Anwendung, soweit Zweck und Inhalt der Reichsaufsicht dies gestatten. Eine eingreifende allgemeine Befehlsgewalt des Reiches in die Energieprivatwirtschaft aus dem derzeitigen Gesetz folgern, hieße Zweck und Inhalt des Gesetzes nicht nur verkennen, sondern verletzen.

3. Solche weitgehenden Eingriffe der Aufsichtsbehörde gegenüber Energieversorgungsunternehmen bestehen aber bei energiewirtschaftlichen Betrieben der Gebietskörperschaften[147].

Denn diese unterstehen ja einer doppelten oberen Aufsicht: der des Reichsinnenministers und der des Reichswirtschaftsministers, wobei der letztere als oberste Aufsichtsbehörde der deutschen Energiewirtschaft die Möglichkeit besitzt, auf die energiewirtschaftliche Betätigung der Gebietskörperschaften über die der Privatwirtschaft gegenüber möglichen Maßnahmen hinaus bestimmenden Einfluß zu nehmen, sei es, daß diese Körperschaften als Unternehmer oder als Großabnehmer auftreten.

II. „Der Reichswirtschaftsminister kann die Unternehmen und die verantwortlichen Leiter der Unternehmen durch Er-

[147] Siehe alsbald unten unter III.

zwingungsstrafen, deren Höchstmaß unbeschränkt ist, oder durch unmittelbaren Zwang zur Befolgung seiner Anordnungen oder von Anordnungen der Stellen, welchen er Befugnisse aus diesem Gesetz übertragen hat, anhalten. Die Erzwingungsstrafen werden auf Ersuchen des Reichswirtschaftsministers von den Finanzämtern nach den Vorschriften der Reichsabgabenordnung und der zu ihrer Durchführung ergangenen und noch ergehenden Bestimmungen beigetrieben. Soweit Gemeinden (Gemeindeverbände) oder deren Beamte zur Befolgung von Anordnungen angehalten werden sollen, richtet sich das Verfahren nach den herfür geltenden verwaltungsrechtlichen Vorschriften." (§ 15 Abs. 1.)

Im Gegensatz zu der in § 8 zu behandelnden Bestimmung des zweiten Absatzes des § 15 des Gesetzes liegt in Abs. 1 der typische Tatbestand des Verwaltungszwanges vor. Als Verwaltungsmaßnahme kann der Reichswirtschaftsminister verhängte Strafen gegebenenfalls herabsetzen, erlassen oder aufheben. Dagegen sind prozessuale Rechtsmittel hier nicht gegeben.

III. 1. Aus dem Schlußsatz des soeben oben gebrachten § 15 Abs. 1 geht hervor, daß — wie ebenfalls kurz zuvor erwähnt — die unmittelbaren Anweisungen an die gemeindlichen Betriebe durch den Reichsinnenminister ergehen; und zwar auch auf energiewirtschaftlichem Gebiete. Hier aber gibt die allgemeinen, auch die Gemeinden bindenden Richtlinien der Reichswirtschaftsminister.

Durch § 15 Abs. 1, letzter Satz, sollte also lediglich die Tatsache festgestellt werden, daß der Weg vom Reichswirtschaftsminister über den Reichsinnenminister, also im Einvernehmen mit diesem, geht.

2. § 15 Abs. 1 trifft Gemeinden nur in ihrer Eigenschaft als Versorger, nicht als Versorgte; und auch nur dann, wenn die Gemeinde als solche ein Versorgungsunternehmen betreibt, also z. B. dann nicht, wenn sie eben nicht als solche, sondern in einer Aktiengesellschaft auftritt.

3. Die Auswirkungen dieser besonderen Gemeindeaufsicht überhaupt, die dann auch für den Tatbestand des § 15 Abs. 1 zutreffen, sind in den §§ 106—114 der Deutschen Gemeindeordnung zusammengestellt. Sie bilden letzten Endes ein Rechtsschutzverfahren gegen die Gemeinden.

§ 106. Der Staat beaufsichtigt die Gemeinde, um sicherzustellen, daß sie im Einklang mit den Gesetzen und den Zielen der Staatsführung verwaltet wird. Die Aufsicht soll so gehandhabt werden, daß die Entschlußkraft und Verantwortungsfreudigkeit der Gemeindeverwaltung gefördert und nicht beeinträchtigt wird.

§ 107. Oberste Aufsichtsbehörde ist der Reichsminister des Innern. Er bestimmt durch Verordnung, welche Behörden obere Aufsichtsbehörden und Aufsichtsbehörden sind.

§ 108. Die Aufsichtsbehörde kann sich jederzeit über alle Angelegenheiten der Gemeinde unterrichten; sie kann an Ort und Stelle prüfen und besichtigen, mündliche und schriftliche Berichte einfordern sowie Akten und sonstige Unterlagen einsehen.

§ 109. Die Aufsichtsbehörde kann Entschließungen und Anordnungen des Bürgermeisters, die das bestehende Recht verletzen oder den Zielen der Staatsführung zuwiderlaufen, aufheben und verlangen, daß Maßnahmen, die auf Grund derartiger Entschließungen und Anordnungen getroffen worden sind, rückgängig gemacht werden.

§ 110. Unterläßt es der Bürgermeister, Entschließungen zu fassen oder Anordnungen zu treffen, die zur Erfüllung einer der Gemeinde gesetzlich obliegenden Verpflichtung erforderlich sind, so kann die Aufsichtsbehörde anordnen, daß er innerhalb einer bestimmten Frist das Erforderliche veranlaßt. Sie hat dabei den Inhalt der Entschließung oder Anordnung im einzelnen zu bezeichnen.

§ 111. Die Aufsichtsbehörde kann Anordnungen nach §§ 108 bis 110 an Stelle und auf Kosten der Gemeinde selbst durchführen oder die Durchführung einem Dritten übertragen.

§ 112. Wenn und solange der geordnete Gang der Verwaltung der Gemeinde es erfordert und die Befugnisse der Aufsichtsbehörde nach §§ 109—111 nicht ausreichen, kann die Aufsichtsbehörde einen Beauftragten bestellen, der alle oder einzelne Aufgaben der Gemeinde auf ihre Kosten wahrnimmt.

§ 113. (1) Die Gemeinde kann gegen Anordnungen der Aufsichtsbehörde binnen zwei Wochen nach Zustellung Beschwerde erheben. Über die Beschwerde entscheidet die nächsthöhere Aufsichtsbehörde endgültig.

(2) Die Beschwerde hat aufschiebende Wirkung, es sei denn, daß die Anordnung ohne Nachteil für das öffentliche Wohl nicht ausgesetzt werden kann.

§ 114. Andere Behörden und Stellen als die Aufsichtsbehörden (§ 107) sind zu Eingriffen in die Gemeindeverwaltung nach § 108ff. nicht befugt.

4. Den allgemeinen Rechtsschutz der Gemeindeangehörigen bei Benutzung der öffentlichen Gemeindeeinrichtungen gibt § 29 Abs. 1 Ziff. 1 der Deutschen Gemeindeordnung.

(1) Gegen Verfügungen der Gemeinde, die das Recht zur Mitbenutzung ihrer öffentlichen Einrichtungen betreffen, findet der Einspruch statt.

(2) Der Einspruch ist binnen zwei Wochen nach der Zustellung bei dem Bürgermeister einzulegen. Die Einspruchsfrist gilt als gewahrt, wenn der Einspruch rechtzeitig bei der Stelle eingelegt wird, die die Verfügung erlassen hat.

(3) Der Einspruch hat aufschiebende Wirkung, wenn die Verfügung selbst nichts anderes besagt.

§ 130. (1) Über den Einspruch entscheidet der Bürgermeister; gegen die ablehnende Entscheidung ist die Klage im Verwaltungsstreitverfahren zulässig.

(2) Die Klage kann nur darauf gestützt werden, daß die Verfügung gesetzwidrig sei und den Kläger beeinträchtige.

(3) In der Entscheidung über den Einspruch ist auf diese Vorschriften hinzuweisen.

IV. Auch bzw. gerade der neue Staat, der auf Grund des Programms der NSDAP., seiner Verfassungsgrundlage, dem Privateigentum grundsätzlich Schutz verhießen hat, hat mit dem Grundsatz des seitherigen deutschen Enteignungsrechts nicht gebrochen, daß für wirkliche Enteignung im Sinne des Deutschen Verwaltungsrechtes, also für Aufopferung von Grundeigentum und Grundrechten zum besten der Allgemeinheit eine angemessene Entschädigung, eine das persönliche Opfer ausgleichende Entschädigung zu gewähren sei.

Die Entschädigung richtet sich mindestens bis zum Erlaß eines Reichsenteignungsgesetzes nach den Landesenteignungsgesetzen, ist in Geld festzusetzen und kann hinsichtlich der Höhe im ordentlichen Rechtsweg erstritten werden.

Der Fall dieser verwaltungsrechtlichen Enteignung als solcher zugunsten der öffentlichen Energieversorgung ist in § 11 des Gesetzes geregelt.

V. 1. „Wegen eines Schadens, der durch Maßnahmen entsteht, die in Durchführung dieses Gesetzes oder seiner Durchführungsvorschriften getroffen werden, wird eine Entschädigung nicht gewährt, es sei denn, daß dieses Gesetz ausdrücklich etwas anderes bestimmt." (§ 18.)

2. Ausgleichende Entschädigung im Sinne des deutschen Verwaltungsrechts wird grundsätzlich dann zugestanden, wenn ein Einzelner in mehr als zumutbarer Weise im Interesse der Allgemeinheit durch die öffentliche Verwaltung einen wirtschaftlichen Nachteil erlitten hat.

So fand soeben die wirkliche Enteignung stets gegen diese ausgleichende Entschädigung statt.

§ 18 des Energiewirtschaftsgesetzes aber setzt Tatbestände voraus, die sich eben nicht als solche Enteignung darstellen.

Hier versagt also das Gesetz ebenso grundsätzlich die ausgleichende Entschädigung und verbietet aus dem gleichen Interesse des Gemeinnutzes heraus die Anwendung dieses verwaltungsrechtlichen Rechtsschutzmittels.

VI. 1. Neben der grundsätzlichen Entschädigung für die Fälle wirklicher und absoluter Enteignung hat das Gesetz auch für ähnliche Tatbestände kraft besonderer Bestimmungen die Möglichkeit der Entschädigung zugelassen.

2. So durch § 9 Abs. 2 Ziff. 1 für den Fall der enteignenden Betriebsentziehung gegenüber einem Energieversorgungsunternehmen, das sich außerstande zeigt, seine Versorgungsaufgaben zu erfüllen.

3. „Der Reichswirtschaftsminister kann Vorschriften und Anordnungen über die Erhaltung vorhandener und die Errichtung zusätzlicher Energieanlagen sowie über die Abgabe von Energie erlassen, soweit solche zur Sicherstellung der Landesverteidigung erforderlich sind und dem Unternehmen zugemutet werden können. Werden über das wirtschaftlich Zumutbare hinaus Auflagen gemacht, so ist dem Unternehmen eine angemessene Entschädigung zu gewähren, die der Reichswirtschaftsminister festsetzt." (§ 13 Abs. 1 Satz 1 und 2.)

4. Schließlich muß hier, nicht nur vom Standpunkt der Versorgungsunternehmungen, sondern gerade vom allgemein-verwaltungsrechtlichen Standpunkt aus des Tatbestandes des § 6 Abs. 4 gedacht werden, der oben ebenfalls bereits im gesetzlichen Wortlaut gebracht wurde[148].

[148] Abschnitt IV, Ziff. 1 dieses Paragraphen der Darstellung.

Allerdings fehlt eine Sonderbestimmung des Gesetzes wie bei den beiden vorerwähnten Fällen.

Aber: Wenn hier nicht nur im öffentlichen Interesse, sondern sogar wegen eines wichtigen „öffentlichen Interesses“ nötigenfalls an sich nicht zumutbare Anforderungen gestellt werden, dann wird der Reichswirtschaftsminister im Einzelfall pflichtgemäß in seiner Anordnung zugleich eine verwaltungsmäßige Entschädigungspflicht anerkennen und aussprechen.

§ 8. Strafrechtlich.

I. Zunächst enthält das Gesetz selbst Strafbestimmungen.

§ 15. (2) Mit Gefängnis und mit Geldstrafe oder mit einer dieser beiden Strafen wird bestraft, wer § 14 zuwider seine Pflicht zur Verschwiegenheit verletzt oder die Kenntnis von Geschäfts- oder Betriebsverhältnissen unbefugt verwertet.

(3) Mit Geldstrafe wird bestraft:

1. wer die nach §§ 3 und 4 angeordneten Auskünfte, Anzeigen und Mitteilungen unterläßt oder sie unrichtig oder unvollständig erstattet,

2. wer vor Ablauf der im § 4 bezeichneten Fristen ohne Genehmigung des Reichswirtschaftsministers oder nach der Untersagung durch den Reichswirtschaftsminister den Bau, die Erneuerung, die Erweiterung oder die Stillegung von Energieanlagen in Angriff nimmt,

3. wer entgegen der Vorschrift des § 5 Abs. 1 ohne Genehmigung des Reichswirtschaftsministers die Energieversorgung anderer aufnimmt,

4. wer ohne die Genehmigung des Reichswirtschaftsministers nach § 10 Elektrizität oder Gas in das Reichsgebiet einführt oder die Genehmigung des Reichswirtschaftsministers für Verträge über die Einfuhr von Elektrizität oder Gas nicht einholt,

5. wer Vorschriften oder Anordnungen des Reichswirtschaftsministers nach § 13 nicht befolgt.

(4) Die Strafverfolgung nach Abs. 2 und 3 tritt nur auf Antrag des Reichswirtschaftsministers ein. Der Strafantrag kann zurückgenommen werden.

II. 1. Gesetz, betr. die Bestrafung der Entziehung elektrischer Arbeit, vom 9. April 1900:

§ 1. Wer einer elektrischen Anlage oder Einrichtung fremde elektrische Arbeit mittels eines Leiters entzieht, der zur ordnungsmäßigen Entnahme von Arbeit aus der Anlage oder Einrichtung nicht bestimmt ist, wird, wenn er die Handlung in der Absicht begeht, die elektrische Arbeit sich rechtswidrig zuzueignen, mit Gefängnis und mit Geldstrafe ... oder mit einer dieser Strafen bestraft.

Neben der Gefängnisstrafe kann auf Verlust der bürgerlichen Ehrenrechte erkannt werden.

Der Versuch ist strafbar.

§ 2. Wird die im § 1 bezeichnete Handlung in der Absicht begangen, einem anderen rechtswidrig Schaden zuzufügen, so ist auf Geldstrafe ... oder auf Gefängnis bis zu zwei Jahren zu erkennen.

Die Verfolgung tritt nur auf Antrag ein.

2. Dieses bereits in anderem Zusammenhang anfangs dieser Darstellung behandelte Gesetz wurde bekanntlich erlassen, weil die etwa zutreffenden deliktsmäßigen Tatbestände des Reichsstrafgesetzbuches direkt nicht anwendbar waren.

Weder der gesetzliche Tatbestand des Diebstahls noch derjenige der Sachbeschädigung kamen unmittelbar in Betracht.

a) § 242 des Strafgesetzbuches für das Deutsche Reich vom 15. Mai 1871:

Wer eine fremde bewegliche Sache einem anderen in der Absicht wegnimmt, dieselbe sich rechtswidrig zuzueignen, wird wegen Diebstahls mit Gefängnis bestraft.

Der Versuch ist strafbar.

b) § 303 desselben Gesetzes:

Wer vorsätzlich und rechtswidrig eine fremde Sache beschädigt oder zerstört, wird mit Geldstrafe ... oder mit Gefängnis bis zu zwei Jahren bestraft.

Der Versuch ist strafbar.

Die Verfolgung tritt nur auf Antrag ein.

Ist das Vergehen gegen einen Angehörigen verübt, so ist die Zurücknahme des Antrages zulässig.

3. Noch ein weiterer Tatbestand dieses alten Reichsstrafgesetzbuches diente dem Gesetz des Jahres 1900 als Muster, nämlich § 243 Ziff. 3, wo einer der Fälle des sog. schweren Diebstahls seine strafrechtliche Begriffsbestimmung gefunden hat:

Auf Zuchthaus bis zu zehn Jahren ist zu erkennen, wenn der Diebstahl dadurch bewirkt wird, daß zur Eröffnung eines Gebäudes oder der Zugänge eines umschlossenen Raumes oder zur Eröffnung der im Innern befindlichen Türen oder Behältnisse falsche Schlüssel oder andere zur ordnungsmäßigen Eröffnung nicht bestimmte Werkzeuge angewendet werden.

4. Diese sichtlich nicht nur am Begriff der beweglichen Sache als Deliktobjekt hängenden, sondern überhaupt rein körperlich geschauten Tatbestände liehen dem Gesetz vom Jahre 1900 für die erste rechtliche Behandlung der Elektrizität Anschauung und Sprache.

a) So erkennen wir die Zweiteilung in einen dem Diebstahl und in einen der Sachbeschädigung entsprechenden technischen Tatbestand.

b) Vor allem hat der sog. falsche Schlüssel bzw. das „zur ordnungsmäßigen Eröffnung nicht bestimmte“ Diebeswerkzeug das Vorbild für einen „Leiter“ abgegeben, „der zur ordnungsmäßigen Entnahme von Arbeit aus der Anlage oder Einrichtung nicht bestimmt ist“.

5. Es erübrigt sich, namentlich am Schluß dieser Darstellung eines Energierechtes, die Unzulänglichkeiten des Gesetzes vom Jahre 1900 in rechtsanschaulicher, sprachlicher und vor allem technischer Beziehung nochmals beweisen zu wollen.

Lediglich wichtigere elektrizitätswirtschaftliche Folgerungen seien herausgegriffen.

a) „Rechtswidrig“ ist selbstverständlich nicht nur die „Entziehung“, die gegen besondere Gesetze, gar nur gegen Strafgesetze verstößt, sondern selbstverständlich (und rechtstatsächlich vor allem) auch eine vertragswidrige Entziehung.

b) Ein nicht mehr „ordnungsmäßiger Leiter“ im Sinne des Gesetzes liegt nicht nur dann vor, wenn z. B. das Versorgungsunternehmen berechtigt den Strom sperrt, sondern auch, wenn das Unternehmen berechtigt verbietet, bestimmte Sicherungen überhaupt oder künftig zu benutzen oder in bestimmter Weise zu benutzen. Der Gebrauch bzw. Weitergebrauch solcher Stöpsel, die in der Tat in gewissem Sinne einen „Schlüssel“ zum Strom liefern, ist dann vergleichbar nicht nur dem unbefugten Gebrauch eines wirklich falschen Schlüssels, sondern auch der Benutzung des „echten“ Schlüssels, den der Dieb findet und „benutzt“.

c) Der Tatbestand des Gesetzes ist schließlich auch dann erfüllt, wenn in dem Versorgungsvertrag ein bestimmter Verwendungszweck vorgeschrieben ist, der Versorgte aber diesem erlaubten Zweck zuwider sich versorgt, also insbesondere den Kraftstrom zur Beleuchtung benutzt[149].

6. Während § 2 des alten Reichsstrafgesetzbuches gewissermaßen als „Grundrecht verankerte", daß eine Handlung nur dann mit einer Strafe belegt werden könne, wenn diese Strafe gesetzlich bestimmt war, bevor die Handlung begangen wurde, läßt das Reichsgesetz vom 28. Juni 1935 zur Änderung des Reichsstrafgesetzbuches statt des seitherigen § 2 die Möglichkeit einer analogen Anwendung offen:

Bestraft wird, wer eine Tat begeht, die das Gesetz für strafbar erklärt oder die nach dem Grundgedanken eines Strafgesetzes und nach gesundem Volksempfinden Bestrafung verdient. Findet auf die Tat kein bestimmtes Strafgesetz unmittelbar Anwendung, so wird die Tat nach dem Gesetz bestraft, dessen Grundgedanke auf sie am besten zutrifft.

a) Wäre diese Rechtsanschauung und diese Fassung im Jahre 1900 bereits in Kraft gewesen, dann hätte sich selbstverständlich das besondere Gesetz zum Schutze der elektrisch en Arbeit erübrigt.

b) Da nun aber das Sonderschutzgesetz besteht, so ist für die in ihm geregelten Deliktstatbestände eine analoge Beurteilung und Verurteilung nach den Strafbestimmungen für Diebstahl und Sachbeschädigung solange nicht angängig, als das Sondergesetz als solches noch gilt.

c) Ob man auf Grund des neuen § 2 des Reichsstrafgesetzbuches den Straftatbestand des Sondergesetzes zum Schutze aller Energien analog anwenden bzw. ausdehnen darf, muß als mindestens umstritten bezeichnet werden[150].

7. Gas, das, wie eingangs dieser Darstellung ausgeführt, eine körperliche Sache im Sinne des Gesetzes ist, kann als solche Gegenstand des Diebstahls sein.

---

[149] Warum „Schwarzhören" nicht unter das Gesetz fallen soll, ist unerfindlich, obwohl es allerdings die eigentliche Elektrizitätswirtschaft nicht berührt. Dagegen: Eiser (s. Fußnote 86), IV, § 1, A. 2. Dafür: „Technik und Recht", Heft 1, 1931, S. 34ff.

[150] Bejahend A. Kloess, Die allgemeine Energiewirtschaft usw., 1936, S. 126 unten.

III. Strafrechtliche Schutzbestimmungen enthält auch das in seinem § 23 bereits erwähnte Gesetz über Fernmeldeanlagen vom 14. Januar 1928 (FAG.).

1. Während § 23 eine allgemeine[151] elektrizitätsrechtliche Vorschrift enthält, regelt das FAG. als solches seiner Überschrift und Bestimmung gemäß die Rechtsverhältnisse der Fernmeldeanlagen.

2. Die Elektrizitätswerke als solche sind aber an dem FAG. z. B. insofern interessiert, als sie eine gesetzliche Befugnis zur Errichtung und zum Betrieb eigener Betriebsfernmeldeanlagen besitzen[152].

„(1) Die Befugnis zur Errichtung und zum Betrieb einzelner Fernmeldeanlagen kann verliehen werden. Die Verleihung kann für bestimmte Strecken oder Bezirke erteilt werden.

(2) Die Verleihung sowie die Festsetzung der Bedingungen der Verleihung stehen dem Reichspostminister oder den von ihm hierzu ermächtigten Behörden zu. Sie muß für Fernmeldeanlagen, die von Elektrizitätsunternehmungen zur öffentlichen Versorgung mit Licht und Kraft, die der allgemeinen Versorgung von Gemeinden oder größerer Gebietsteile zu dienen bestimmt sind, zum Zwecke ihres Betriebs verwendet werden sollen, erteilt werden, soweit nicht Betriebsinteressen der Deutschen Reichspost entgegenstehen; dies gilt nicht für Funkanlagen.“ (§ 2.)

3. Die wichtigste und hierher gehörige der besonderen strafrechtlichen Bestimmungen dieses Gesetzes ist § 19, aus dem unschwer die gesetzlichen Vorgänge zu erkennen sind:

„(1) Wer in der Absicht, den Betrieb einer Funkanlage zu verhindern oder zu stören, elektrische Arbeit verwendet oder für die Anlage bestimmte elektrische Arbeit entzieht, wird mit Gefängnis oder Geldstrafe bestraft, wenn die Verhinderung oder Störung eingetreten ist.

(2) Dient die Funkanlage nicht öffentlichen Zwecken, so wird die Tat nur auf Antrag verfolgt. Der Antrag kann zurückgenommen werden.“ (§ 19.)

---

[151] Übersieht man aber nicht die unbestreitbare Tatsache, daß § 23 doch eben in das Fernmeldeanlagengesetz Aufnahme gefunden hat, dann wird man wohl seine Anwendungsmöglichkeit auf das Zusammentreffen zwischen Starkstromanlagen mit den Schwachstromanlagen des Fernmeldewesens zu beschränken haben.

[152] Vgl. hierzu: Georg Lancelle, Die Befugnis der Elektrizitätswerke zur Errichtung und zum Betrieb eigener Betriebsfernmeldeanlagen. Dissertation, Frankfurt a. M. 1933.

Anhang.

I. Gesetz zur Förderung der Energiewirtschaft (Energiewirtschaftsgesetz).

Vom 13. Dezember 1935 (Reichsgesetzbl. 1935, Teil I, Seite 1451).

Um die Energiewirtschaft als wichtige Grundlage des wirtschaftlichen und sozialen Lebens im Zusammenwirken aller beteiligten Kräfte der Wirtschaft und der öffentlichen Gebietskörperschaften einheitlich zu führen und im Interesse des Gemeinwohls die Energiearten wirtschaftlich einzusetzen, den notwendigen öffentlichen Einfluß in allen Angelegenheiten der Energieversorgung zu sichern, volkswirtschaftlich schädliche Auswirkungen des Wettbewerbs zu verhindern, einen zweckmäßigen Ausgleich durch Verbundwirtschaft zu fördern und durch all dies die Energieversorgung so sicher und billig wie möglich zu gestalten, hat die Reichsregierung das folgende Gesetz beschlossen, das hiermit verkündet wird:

§ 1. (1) Die deutsche Energiewirtschaft (Elektrizitäts- und Gasversorgung) untersteht der Aufsicht des Reichs.

(2) Die Aufsicht übt der Reichswirtschaftsminister aus, und zwar, soweit Belange der Energieversorgung der Gemeinden und Gemeindeverbände berührt werden, im Einvernehmen mit dem Reichsminister des Innern in seiner Eigenschaft als Kommunalaufsichtsbehörde.

§ 2. (1) Energieanlagen im Sinne dieses Gesetzes sind Anlagen, die der Erzeugung, Fortleitung oder Abgabe von Elektrizität oder Gas dienen. Zu den Energieanlagen gehören solche Anlagen nicht, die lediglich der Übertragung von Zeichen oder Lauten dienen.

(2) Energieversorgungsunternehmen im Sinne dieses Gesetzes sind ohne Rücksicht auf Rechtsformen und Eigentumsverhältnisse alle Unternehmen und Betriebe, die andere mit elektrischer Energie oder Gas versorgen oder Betriebe dieser Art verwalten (öffentliche Energieversorgung). Unternehmen und Betriebe, welche nur teilweise oder im Nebenbetrieb öffentliche Energieversorgung betreiben, gelten insoweit als Energieversorgungsunternehmen. Der Reichswirtschaftsminister entscheidet endgültig darüber, ob und inwieweit ein Unternehmen ein Energieversorgungsunternehmen im Sinne dieses Gesetzes ist.

§ 3. Der Reichswirtschaftsminister kann von den Energieversorgungsunternehmen jede Auskunft über ihre technischen und wirtschaftlichen Verhältnisse verlangen, soweit der Zweck dieses Gesetzes es erfordert. Er kann auch bestimmte technische und wirtschaftliche Vorgänge und Tatbestände bei diesen Unternehmen mitteilungspflichtig machen.

§ 4. (1) Die Energieversorgungsunternehmen sind verpflichtet, vor dem Bau, der Erneuerung, der Erweiterung oder der Stillegung von Energieanlagen dem Reichswirtschaftsminister Anzeige zu erstatten.

(2) Der Reichswirtschaftsminister kann den Bau, die Erneuerung, die Erweiterung oder die Stillegung von Energieanlagen der Energieversorgungsunternehmen innerhalb einer Frist von einem Monat nach Eingang der Anzeige beanstanden. Beanstandete Vorhaben kann er innerhalb einer weiteren Frist von zwei Monaten nach der Beanstandung untersagen, wenn Gründe des Gemeinwohls es erfordern. Der Untersagung geht ein Untersagungsverfahren voraus.

(3) Der Reichswirtschaftsminister bestimmt den Umfang der Anzeigepflicht nach Abs. 1. Er erläßt die Vorschriften über Formen und Fristen für die Anzeige und das Untersagungsverfahren. Er kann die im Abs. 2 bezeichnete Frist für die Untersagung verlängern.

(4) Der Reichswirtschaftsminister kann die Auskunfts- und Mitteilungspflicht nach § 3 sowie die Anzeigepflicht nach Abs. 1 auch auf Energieanlagen erstrecken, die zum Betrieb anderer Unternehmen als Energieversorgungsunternehmen gehören.

§ 5. (1) Wenn Unternehmen und Betriebe, die nicht Energieversorgungsunternehmen sind, die Versorgung anderer mit Energie aufnehmen, so bedürfen sie hierzu der Genehmigung des Reichswirtschaftsministers.

(2) Vor der Errichtung oder Erweiterung einer Energieanlage zur Erzeugung von Elektrizität oder Gas, die zur Deckung des Eigenbedarfs bestimmt ist, hat der Unternehmer dem Energieversorgungsunternehmen, welches das Gebiet, in dem die Anlage errichtet werden soll, mit Energie versorgt, hierüber Mitteilung zu machen.

§ 6. (1) Versorgt ein Energieversorgungsunternehmen ein bestimmtes Gebiet, so ist es verpflichtet, allgemeine Bedingungen und allgemeine Tarifpreise öffentlich bekanntzugeben und zu diesen Bedingungen und Tarifpreisen jedermann an sein Versorgungsnetz anzuschließen und zu versorgen (allgemeine Anschluß- und Versorgungspflicht).

(2) Die allgemeine Anschluß- und Versorgungspflicht besteht nicht:

1. wenn der Anschluß oder die Versorgung dem Versorgungsunternehmen aus wirtschaftlichen Gründen, die auch in der Person des Anschlußnehmers liegen können, nicht zugemutet werden kann,

2. wenn der Anschlußnehmer die Mitteilung nach § 5 Abs. 2 unterlassen hat, es sei denn, daß die Mitteilung ohne sein Verschulden unterblieben oder seit Errichtung oder Erweiterung der Energieerzeugungsanlage ein Zeitraum von zehn Jahren verstrichen ist.

(3) Wer selbst eine Energieanlage zur Erzeugung von Elektrizität oder Gas oder eine andere gleichzuachtende Energieerzeugungsanlage betreibt, kann sich für das Grundstück, auf dem die Anlage sich befindet, und für andere eigene Grundstücke, die von der Anlage aus versorgt werden können, nicht auf die allgemeine Anschluß- und Versorgungspflicht nach Abs. 1 berufen. Er kann aber Anschluß und Versorgung in dem Ausmaß und zu Bedingungen verlangen, die dem Energieversorgungsunternehmen wirtschaftlich zumutbar sind. Verträge werden durch die Bestimmungen der Absätze 2 und 3 nicht berührt.

(4) Der Reichswirtschaftsminister kann Anordnungen treffen, die von den Vorschriften der Absätze 1 bis 3 abweichen, wenn ein wichtiges öffentliches Interesse vorliegt. Solche Anordnungen binden Gerichte und Verwaltungsbehörden.

(5) Wird ein Energieversorgungsunternehmen nach § 17 der Deutschen Gemeindeordnung als öffentliche Einrichtung einer Gemeinde (eines Gemeindeverbandes) betrieben, so finden im Streitfall über die Anschluß- und Versorgungspflicht (Absätze 1 bis 3) die Verfahrensvorschriften der §§ 29 und 30 der Deutschen Gemeindeordnung Anwendung; auf Antrag einer Partei entscheidet das Verwaltungsgericht auch über Ausmaß und und Bedingungen von Anschluß und Versorgung, die nach Abs. 3 Satz 2 dem Energieversorgungsunternehmen zumutbar sind.

§ 7. Der Reichswirtschaftsminister kann durch allgemeine Vorschriften und Einzelanordnungen die allgemeinen Bedingungen und allgemeinen Tarifpreise der Energieversorgungsunternehmen (§ 6 Abs. 1) sowie die Energieeinkaufspreise der Energieverteiler wirtschaftlich gestalten. Die Entscheidungen des Reichswirtschaftsministers sind für Gerichte und Verwaltungsbehörden bindend.

§ 8. (1) Zeigt sich ein Energieversorgungsunternehmen außerstande, seine Versorgungsaufgaben, insbesondere die ihm auf Grund dieses Gesetzes auferlegten Pflichten, zu erfüllen, und können zur Beseitigung der das Energieversorgungsunternehmen an der Erfüllung seiner Versorgungsaufgaben hindernden Umstände ausreichende Maßnahmen nicht getroffen werden, so kann ihm der Reichswirtschaftsminister nach Durchführung eines Untersagungsverfahrens den Betrieb ganz oder teilweise untersagen. Er kann ein anderes Energieversorgungsunternehmen mit der Übernahme der Versorgungsaufgaben beauftragen. Der Auftrag kann mit Auflagen verbunden werden. Soweit der Betrieb eines Energieversorgungsunternehmens einer oder mehrerer öffentlicher Gebietskörperschaften untersagt wird, soll tunlichst ein Energieversorgungsunternehmen einer anderen öffentlichen Gebietskörperschaft mit der Übernahme der Versorgungsaufgaben beauftragt werden, sofern diese nicht besser und wirtschaftlicher durch ein anderes Unternehmen erfüllt werden können (vgl. § 67 der Deutschen Gemeindeordnung). Das Unternehmen soll nur beauftragt werden, wenn ihm die Übernahme der Versorgungsaufgaben zugemutet werden kann. Das Unternehmen ist verpflichtet, dem Auftrage nachzukommen. Der Reichswirtschaftsminister kann auch ein anderes Unternehmen als ein Energieversorgungsunternehmen beauftragen, wenn dieses zur Übernahme des Auftrags bereit ist.

(2) Das beauftragte Unternehmen tritt in die Rechte und Pflichten aus den Energieversorgungsverträgen ein. Inwieweit hiernach Rechte und Pflichten übergegangen sind, wird im Streitfalle vom Reichswirtschaftsminister endgültig festgestellt.

(3) Der Reichswirtschaftsminister kann das beauftragte Unternehmen in den Gebrauch der Energieanlagen, soweit dies für die Erfüllung der Versorgungsaufgaben notwendig ist, vorläufig einweisen. Dem beauftragten Unternehmen kann gestattet werden, die zur Sicherstellung der Energieversorgung erforderlichen Änderungen an den Anlagen vorzunehmen.

§ 9. (1) Der Reichswirtschaftsminister kann auf Antrag des mit der Übernahme der Versorgungsaufgaben nach § 8 beauftragten Unternehmen die Zulässigkeit der Enteignung der von der Entziehung betroffenen Energieanlagen und Rechte am Grundeigentum anordnen. Der Antrag muß gestellt werden, wenn das Unternehmen, dem der Betrieb nach § 8 untersagt worden ist, dies verlangt.

(2) Auf das Enteignungsverfahren finden die Vorschriften des § 11 dieses Gesetzes Anwendung mit der Maßgabe,

1. daß eine angemessene Entschädigung gewährt wird,

2. daß die Entschädigung in einer Beteiligung an dem Unternehmen, zugunsten dessen die Enteignung erfolgt, gewährt wird, sofern die Einweisung in die Rechte eines Unternehmens geschieht, das sich im Besitze des Reichs, der Länder oder der Gemeinden (Gemeindeverbände) befindet, oder an dem Reich, Länder oder Gemeinden (Gemeindeverbände) mit mehr als der Hälfte des Kapitals unmittelbar oder mittelbar beteiligt sind, und wenn Reich, Länder oder Gemeinden (Gemeindeverbände) die Beteiligung beantragen. Der Reichswirtschaftsminister kann anordnen, daß von der Anwendung dieser Bestimmung abgesehen wird,

3. daß der Reichswirtschaftsminister, wenn das zur Enteignung berechtigte Unternehmen das Enteignungsverfahren nicht betreibt, auf Antrag des von der Enteignung betroffenen Unternehmens anordnen kann, daß die Entscheidungen im Enteignungsverfahren von Amts wegen ergehen. In diesem Fall kann die Enteignungsbehörde das zur Enteignung berechtigte Unternehmen anhalten, die erforderlichen Unterlagen vorzulegen. § 15 Abs. 1 findet sinngemäß Anwendung.

(3) Für die Übertragung von Rechten aus den Energieversorgungsverträgen und für die Gebrauchseinweisung nach § 8 werden von der Enteignungsbehörde nach den Bestimmungen über das Entschädigungsfeststellungsverfahren der Enteignungsgesetze der Länder und nach Inkrafttreten eines Reichsenteignungsgesetzes dieses Gesetzes Entschädigungen festgesetzt. Abs. 1 und 2 Ziffer 1 finden entsprechende Anwendung.

(4) Die Durchführung der Maßnahmen nach §§ 8 und 9 ist frei von öffentlichen Abgaben und Gerichtsgebühren.

§ 10. Die Einfuhr von Elektrizität oder Gas auf festen Leitungswegen sowie der Abschluß von Verträgen hierüber bedürfen der Genehmigung des Reichswirtschaftsministers.

§ 11. (1) Soweit für Zwecke der öffentlichen Energieversorgung die Entziehung oder die Beschränkung von Grundeigentum oder Rechten am Grundeigentum im Wege der Enteignung erforderlich wird, stellt der Reichswirtschaftsminister die Zulässigkeit der Enteignung fest.

(2) Für das Verfahren gelten die Landesgesetze mit der Maßgabe, daß die endgültige Entscheidung über die Zulässigkeit der Inanspruchnahme der Grundstücke zur Ausführung von Vorarbeiten und über die Art der Durchführung und den Umfang der Enteignung, soweit sie nicht in einem Verwaltungsstreitverfahren ergeht, der Reichswirtschaftsminister trifft.

(3) Nach Inkrafttreten eines Reichsenteignungsgesetzes gelten für das Verfahren die Vorschriften des Reichsenteignungsgesetzes; die Entschei-

dungen nach Abs. 1 und 2 trifft dann der nach dem Reichsenteignungsgesetz zuständige Reichsminister.

§ 12. Soweit von Energieversorgungsunternehmen für Benutzung von Straßen und Verkehrswegen jeder Art Benutzungsgebühren oder sonstige Entschädigungen zu entrichten sind, kann der Reichswirtschaftsminister allgemeine Vorschriften oder Einzelanordnungen über deren Zulässigkeit und Bemessung erlassen.

§ 13. (1) Der Reichswirtschaftsminister kann Vorschriften und Anordnungen über die Erhaltung vorhandener und die Errichtung zusätzlicher Energieanlagen sowie über die Abgabe von Energie erlassen, soweit solche zur Sicherstellung der Landesverteidigung erforderlich sind und den Unternehmen zugemutet werden können. Werden über das wirtschaftlich Zumutbare hinaus Auflagen gemacht, so ist dem Unternehmen eine angemessene Entschädigung zu gewähren, die der Reichswirtschaftsminister festsetzt. Die Entscheidungen des Reichswirtschaftsministers sind für Gerichte und Verwaltungsbehörden bindend.

(2) Der Reichswirtschaftsminister erläßt Vorschriften und Anordnungen über die technische Beschaffenheit, die Betriebssicherheit, die Installation von Energieanlagen und von Energieverbrauchsgeräten sowie deren Überwachung.

§ 14. Die Personen, deren sich der Reichswirtschaftsminister zur Erfüllung seiner Obliegenheiten bedient, und deren Gehilfen dürfen vorbehaltlich der dienstlichen Berichterstattung die bei Wahrnehmung ihres Dienstes erlangten Kenntnisse von Geschäfts- und Betriebsverhältnissen nicht unbefugt verwerten oder an andere mitteilen. Über andere Tatsachen, an deren Nichtbekanntwerden ein öffentliches Interesse oder ein berechtigtes Interesse der Betroffenen besteht, haben sie die Verschwiegenheit zu wahren. Angestellte sind auf gewissenhafte Erledigung ihrer Obliegenheiten durch Handschlag zu verpflichten. Diese Pflichten werden durch Ausscheiden aus dem Dienst oder Beendigung der Tätigkeit nicht berührt.

§ 15. (1) Der Reichswirtschaftsminister kann die Unternehmen und die verantwortlichen Leiter der Unternehmen durch Erzwingungsstrafen, deren Höchstmaß unbeschränkt ist, oder durch unmittelbaren Zwang zur Befolgung seiner Anordnungen oder von Anordnungen der Stellen, welchen er Befugnisse aus diesem Gesetz übertragen hat, anhalten. Die Erzwingungsstrafen werden auf Ersuchen des Reichswirtschaftsministers von den Finanzämtern nach den Vorschriften der Reichsabgabenordnung und der zu ihrer Durchführung ergangenen und noch ergehenden Bestimmungen beigetrieben. Soweit Gemeinden (Gemeindeverbände) oder deren Beamte zur Befolgung von Anordnungen angehalten werden sollen, richtet sich das Verfahren nach den hierfür geltenden verwaltungsrechtlichen Vorschriften.

(2) Mit Gefängnis und mit Geldstrafe oder mit einer dieser Strafen wird bestraft, wer § 14 zuwider seine Pflicht zur Verschwiegenheit verletzt oder die Kenntnis von Geschäfts- oder Betriebsverhältnissen unbefugt verwertet.

(3) Mit Geldstrafe wird bestraft:

1. wer die nach §§ 3 und 4 angeordneten Auskünfte, Anzeigen und Mitteilungen unterläßt oder sie unrichtig oder unvollständig erstattet,

2. wer vor Ablauf der im § 4 bezeichneten Fristen ohne Genehmigung des Reichswirtschaftsministers oder nach der Untersagung durch den Reichswirtschaftsminister den Bau, die Erneuerung, die Erweiterung oder die Stillegung von Energieanlagen in Angriff nimmt,

3. wer entgegen der Vorschrift des § 5 Abs. 1 ohne Genehmigung des Reichswirtschaftsministers die Energieversorgung anderer aufnimmt,

4. wer ohne die Genehmigung des Reichswirtschaftsministers nach § 10 Elektrizität oder Gas in das Reichsgebiet einführt oder die Genehmigung des Reichswirtschaftsministers für Verträge über die Einfuhr von Elektrizität oder Gas nicht einholt,

5. wer Vorschriften oder Anordnungen des Reichswirtschaftsministers nach § 13 nicht befolgt.

(4) Die Strafverfolgung nach Abs. 2 und 3 tritt nur auf Antrag des Reichswirtschaftsministers ein. Der Strafantrag kann zurückgenommen werden.

§ 16. (1) Zur Vorbereitung der Entscheidungen und Anordnungen aus diesem Gesetz kann der Reichswirtschaftsminister den Leiter der Reichsgruppe Energiewirtschaft mit Aufträgen versehen. Er kann ferner Befugnisse aus den §§ 3 und 4 Abs. 1 auf den Leiter der Reichsgruppe Energiewirtschaft übertragen.

(2) Der Reichswirtschaftsminister kann Befugnisse aus §§ 3, 4 Abs. 1 und Abs. 2 Satz 1, § 5 Abs. 1 und § 13 Abs. 2 dieses Gesetzes auf nachgeordnete Behörden übertragen.

§ 17. (1) Das Gesetz, betreffend Sozialisierung der Elektrizitätswirtschaft, vom 31. Dezember 1919 (Reichsgesetzbl. 1920 S. 19) und die Bekanntmachung über Elektrizität und Gas sowie Dampf, Druckluft, Heiß- und Leitungswasser vom 21. Juni 1917 (Reichsgesetzbl. S. 543) werden aufgehoben. Die Verordnung über Mitteilungspflicht in der Energiewirtschaft vom 30. Juli 1934 (Reichsgesetzbl. I S. 765) tritt zu einem von dem Reichswirtschaftsminister zu bestimmenden Zeitpunkt außer Kraft.

(2) Mit Ablauf des 31. März 1936 tritt die Verordnung über die schiedsgerichtliche Erhöhung von Preisen bei Lieferung von elektrischer Arbeit, Gas und Leitungswasser in der Fassung vom 16. Juni 1922 (Reichsgesetzbl. I S. 509 — Schiedsgerichtsverordnung) außer Kraft. Die im Zeitpunkt des Außerkrafttretens der Verordnung anhängigen Verfahren können nach den bisher geltenden Vorschriften weitergeführt werden; der Reichsjustizminister wird ermächtigt, die Verfahren auf andere Stellen überzuleiten.

§ 18. Wegen eines Schadens, der durch Maßnahmen entsteht, die in Durchführung dieses Gesetzes oder seiner Durchführungsvorschriften getroffen werden, wird eine Entschädigung nicht gewährt, es sei denn, daß dieses Gesetz ausdrücklich etwas anderes bestimmt.

§ 19. (1) Der Reichswirtschaftsminister erläßt im Einvernehmen mit den beteiligten Reichsministern die zur Durchführung dieses Gesetzes erforderlichen Rechtsverordnungen und allgemeinen Verwaltungsvorschriften.

(2) Der Reichswirtschaftsminister kann hierbei Landesgesetze und landesrechtliche Vorschriften über die Energieversorgung ändern oder außer Kraft setzen.

§ 20. Dieses Gesetz tritt mit dem Tage seiner Verkündung in Kraft.

II. Erste Verordnung zur Durchführung des Gesetzes zur Förderung der Energiewirtschaft (Energiewirtschaftsgesetz).

Vom 26. Oktober 1936 (Reichsgesetzbl. 1936, Teil I, Seite 930).

Auf Grund des § 4 Abs. 4 des Gesetzes zur Förderung der Energiewirtschaft (Energiewirtschaftsgesetz) vom 13. Dezember 1935 (Reichsgesetzblatt I S. 1451) wird verordnet:

Die in den §§ 3 und 4 Abs. 1 des Gesetzes bestimmte Auskunfts-, Mitteilungs- und Anzeigepflicht der Energieversorgungsunternehmen findet Anwendung auch auf Unternehmen und Betriebe, die nicht Energieversorgungsunternehmen sind, wenn ihre Stromerzeugungsanlagen eine installierte Leistung von insgesamt mehr als 1000 kW oder ihre Gaserzeugungsanlagen eine Leistungsfähigkeit von insgesamt mehr als 1000 cbm/Stunde besitzen oder durch eine Erweiterung erreichen.

Die Anzeige ist an den Reichswirtschaftsminister zu richten. Die Mitteilungspflicht nach § 5 Abs. 2 des Gesetzes wird hierdurch nicht berührt.

III. Zweite Verordnung zur Durchführung des Gesetzes zur Förderung der Energiewirtschaft (Energiewirtschaftsgesetz).

Vom 31. August 1937 (Reichsgesetzbl. 1937, Teil I, Seite 918).

Auf Grund des § 13 Abs. 2 des Gesetzes zur Förderung der Energiewirtschaft (Energiewirtschaftsgesetz) vom 13. Dezember 1935 (Reichsgesetzbl. I S. 1451) wird verordnet:

§ 1. (1) Elektrische Energieanlagen und Energieverbrauchsgeräte sind ordnungsmäßig, d. h. nach den anerkannten Regeln der Elektrotechnik einzurichten und zu unterhalten.

(2) Als solche Regeln gelten die Bestimmungen des Verbandes Deutscher Elektrotechniker (VDE).

§ 2. (1) Elektrische Energieanlagen und Energieverbrauchsgeräte in landwirtschaftlichen Betrieben und ländlichen Anwesen müssen nach der Inbetriebnahme laufend in bestimmten Zeitabständen durch einen Sachverständigen auf ihren ordnungsmäßigen Zustand geprüft und erforderlichenfalls innerhalb einer angemessenen Frist instand gesetzt werden. Dies gilt nicht für Einrichtungen der Energieversorgungsunternehmen.

(2) Der Reichswirtschaftsminister setzt die Fristen für die laufenden Prüfungen fest.

(3) Landwirtschaftliche Betriebe sind alle Betriebe, die einer landwirtschaftlichen Berufsgenossenschaft angeschlossen sind mit Ausnahme der Gärtnereien, der Park- und Gartenpflege, sowie der Friedhofsbetriebe (§ 917 der Reichsversicherungsordnung). Ländliche Anwesen sind alle bebauten Grundstücke auf dem Lande.

(4) Im Zweifelsfall entscheidet der Reichswirtschaftsminister endgültig darüber, ob ein Betrieb oder ein Anwesen prüfungspflichtig ist. Er kann die Entscheidung nachgeordneten Stellen übertragen.

(5) Die Instandsetzungsfrist nach Abs. 1 wird durch den Sachverständigen nach Maßgabe der jeweiligen Dringlichkeit festgesetzt. Gegebenenfalls entscheidet die Bezirksarbeitsgemeinschaft (§ 4 Abs. 2) endgültig.

§ 3. (1) Die Prüfungs- und Instandsetzungspflicht liegt dem Benutzer ob.

(2) Er ist verpflichtet, dem mit einem Ausweis versehenen Sachverständigen den Zugang zu allen Teilen seiner Energieanlage und seiner Energieverbrauchsgeräte zu verschaffen und alle erforderlichen Auskünfte zu geben. Er hat die hierzu nötigen Arbeitskräfte und Vorrichtungen zur Verfügung zu stellen.

§ 4. (1) Mit der Durchführung der Prüfungen werden die „Arbeitsgemeinschaften zur Prüfung der elektrischen Installationsanlagen auf dem Lande" beauftragt. Sie haben dabei im Benehmen mit der hauptamtlichen Brandschau zu verfahren.

(2) Für den Bezirk jeder Landesbauernschaft ist eine Bezirksarbeitsgemeinschaft und für das Reichsgebiet eine Zentralarbeitsgemeinschaft zu bilden.

(3) Die Satzungen der Zentralarbeitsgemeinschaft und der Bezirksarbeitsgemeinschaften unterliegen der Genehmigung des Reichswirtschaftsministers.

(4) Der Reichswirtschaftsminister beaufsichtigt die Arbeitsgemeinschaften. Er kann die Aufsicht ganz oder teilweise auf nachgeordnete Stellen übertragen.

(5) Der Reichswirtschaftsminister kann Ausnahmen von den Absätzen 1 und 2 anordnen.

§ 5. (1) Soweit durch die Prüfungen Kosten entstehen, können sie dem Benutzer auferlegt werden. Die Kostenordnung wird von den Arbeitsgemeinschaften mit Genehmigung des Reichswirtschaftsministers erlassen. Ihre Sätze dürfen nicht überschritten werden.

(2) Für die Kosten der Instandsetzung haftet der Benutzer.

§ 6. Zuwiderhandlungen gegen § 2 Abs. 1 Satz 1 und § 3 Abs. 2 werden auf Antrag des Reichswirtschaftsministers nach § 15 Abs. 3 Ziffer 5 des Energiewirtschaftsgesetzes mit Geldstrafe bestraft.

§ 7. Der Reichswirtschaftsminister erläßt die zur Durchführung dieser Verordnung erforderlichen Verwaltungsbestimmungen.

IV. Gesetz gegen die Schwarzsender.

Vom 24. November 1937 (Reichsgesetzbl. 1937, Teil I, Seite 1298).

§ 1. Strafandrohung. (1) Der Schwarzsender wird mit Zuchthaus bestraft.

(2) In minder schweren Fällen ist die Strafe Gefängnis.

§ 2. Schwarzsender. Schwarzsender ist,

1. wer ohne vorherige Verleihung der Deutschen Reichspost eine Funksendeanlage errichtet oder betreibt;

2. wer eine Verleihung der Deutschen Reichspost zum Errichten oder Betreiben einer Funksendeanlage hat, die Anlage aber zu Übermittlungen benutzt, die in der Verleihung der Deutschen Reichspost nicht erlaubt sind;

3. wer eine Funkempfangsanlage entgegen ihrer Bestimmung unerlaubt zum Aussenden von Nachrichten, Zeichen, Bildern oder Tönen verwendet.

§ 3. Fahrlässiges Schwarzsenden. Wer eine der Handlungen des § 2 fahrlässig begeht, wird mit Gefängnis bestraft.

§ 4. Herstellung, Vertrieb, Besitz von Funksendeanlagen. (1) Wie ein Schwarzsender wird bestraft,

1. wer Funksendeanlagen herstellt, ohne die Verleihung der Deutschen Reichspost hierzu zu haben;

2. wer betriebsfähige Funksendeanlagen einführt, feilhält, vertreibt oder sonstwie an andere abgibt, ohne die Verleihung der Deutschen Reichspost hierzu zu haben;

3. wer eine betriebsfähige Funksendeanlage in Besitz, Gewahrsam oder Verwahrung nimmt und weder die Verleihung der Deutschen Reichspost zum Besitz, Gewahrsam oder zur Verwahrung dieser Anlage,

noch die Verleihung der Deutschen Reichspost zum Errichten oder Betreiben dieser Anlage,

noch eine Verleihung nach Ziffer 1 oder 2 hat.

(2) Auf Grund einer Verleihung nach Abs. 1 Ziffer 1 oder 2 darf eine betriebsfähige Funksendeanlage dann nicht in Besitz, Gewahrsam oder Verwahrung genommen werden, wenn die Verleihung etwas anderes bestimmt oder auf andere Funksendeanlagen beschränkt ist.

(3) Wird eine der im Abs. 1 bezeichneten Handlungen fahrlässig begangen, so ist die Strafe Gefängnis.

(4) Die Verleihungen (Abs. 1) sind widerruflich; sie können unter Auflagen (Verleihungs- oder Genehmigungsbedingungen) erteilt werden.

§ 5. Funksendeanlage. (1) Was Funksendeanlagen sind, bestimmt sich nach den Vorschriften des Fernmelderechts (Gesetz über Fernmeldeanlagen vom 14. Januar 1928).

(2) Als betriebsfähig gilt eine Funksendeanlage auch dann, wenn einzelne, ersetzbare Teile oder einzelne Verbindungen noch fehlen oder wieder entfernt worden sind.

§ 6. Genehmigung, Sendeerlaubnis. Eine Verleihung im Sinne der vorstehenden Bestimmungen kann auch als Genehmigung oder Erlaubnis bezeichnet werden.

§ 7. Einziehung. (1) Gegenstände, die zum Schwarzsenden (§ 2) bestimmt gewesen oder dazu gebraucht worden sind, werden eingezogen ohne Rücksicht darauf, wem sie gehören.

(2) Von der Einziehung kann der Richter absehen, wenn die Tat fahrlässig begangen ist oder wenn die Gegenstände ohne Schuld des Berechtigten zum Schwarzsenden bestimmt gewesen oder dazu gebraucht worden sind.

(3) In den Fällen des § 4 können die Funksendeanlagen eingezogen werden, die hergestellt, eingeführt, feilgehalten, vertrieben, abgegeben worden sind oder die im Besitz, Gewahrsam oder in der Verwahrung des Täters gewesen sind.

(4) Die Einziehung kann selbständig angeordnet werden, wenn keine bestimmte Person verfolgt oder verurteilt werden kann, im übrigen aber die Voraussetzungen der Absätze 1, 3 erfüllt sind.

§ 8. Durchführungsvorschriften. Der Reichspostminister erläßt die zur Durchführung nötigen Rechts- und Verwaltungsvorschriften.

§ 9. Übergangsvorschriften. (1) Wer zur Zeit des Inkrafttretens dieses Gesetzes Funksendeanlagen herstellt, einführt, feilhält, vertreibt, sonst an andere abgibt, in Besitz oder Gewahrsam hat oder verwahrt, ohne die nach § 4 erforderliche Verleihung zu haben, hat die Verleihung binnen der nach § 8 bestimmten Frist bei einer Reichspostdirektion schriftlich zu beantragen. Hat er die Verleihung fristgemäß beantragt, so darf er bis zur Entscheidung über die Verleihung die Anlagen weiter herstellen, einführen, feilhalten, vertreiben, abgeben, sie weiter in Besitz, Gewahrsam oder in Verwahrung behalten.

(2) Parteidienststellen oder Dienststellen von Parteigliederungen haben binnen der Frist (Abs. 1) dem Stellvertreter des Führers die Anlagen und Geräte zur Verfügung zu stellen. Die Verfügung über die Geräte oder die Entscheidung über eine Verleihung nach § 4 wird in diesen Fällen gemeinsam vom Stellvertreter des Führers, dem Reichspostminister und dem Reichskriegsminister getroffen.

§ 10. Inkrafttreten. Das Gesetz tritt mit dem Tage seiner Verkündung in Kraft.

Sachverzeichnis.

GPSR Compliance

The European Union's (EU) General Product Safety Regulation (GPSR) is a set of rules that requires consumer products to be safe and our obligations to ensure this.

If you have any concerns about our products, you can contact us on ProductSafety@springernature.com

In case Publisher is established outside the EU, the EU authorized representative is:

Springer Nature Customer Service Center GmbH
Europaplatz 3
69115 Heidelberg, Germany

Batch number: 10844623

Printed by Printforce, the Netherlands